Abbé De Binos

Voyage par l'Italie, en Egypte au Mont Liban et en Palestine ou en Terre-Sainte

Volume 2

1787

G 19897

19897

VOYAGE
PAR L'ITALIE,
EN ÉGYPTE
AU MONT-LIBAN
ET
EN PALESTINE
OU TERRE SAINTE,
AVEC FIGURES.

G

VOYAGE
PAR L'ITALIE,
EN EGYPTE
AU MONT-LIBAN
ET
EN PALESTINE
OU TERRE SAINTE,

Par M. l'Abbé DE BINOS,
Chanoine de la Cathédrale de Comminges.

TOME SECOND.

A PARIS,

Chez l'AUTEUR & chez BOUDET, Libraire,
rue S. Jacques, n° 240.

M. DCC. LXXXVII.
Avec Approbation, & Privilége du Roi.

VOYAGE
AU
MONT-LIBAN.

LETTRE LIII.

Du Caire, le 28 Août 1777.

M.

IL étoit réservé au Royaume d'E-
gypte d'être à jamais le spectacle de
la bonté du Tout-puissant. Les prodiges que l'Historien sacré raconte y
avoir été opérés, les influences périodiques d'un fleuve bienfaisant, ses

riches productions & la sagesse de ses loix suffisoient, sans doute, pour lui attirer les louanges de la Renommée: mais comme si tant de bienfaits ne tenoient pas du merveilleux, les anciens qui ont été les premiers à en jouir, ont cru devoir consacrer leur pouvoir & leur reconnoissance à des travaux extraordinaires, pour surpasser les merveilles de la nature. Ils construisirent des pyramides, que les uns ont prises pour des sépulcres des anciens Rois d'Egypte, que d'autres ont appellées montagnes de Pharaon, merveilles du monde, & que les Poëtes prendroient pour des rochers entassés les uns sur les autres à une grande hauteur par les Titans qui vouloient escalader l'Olimpe. J'étois déterminé à partir pour aller les voir avec la simple escorte d'un guide & le courage que donne la curiosité ; j'allois exécuter ce projet, lorsque j'appris que trois ou quatre Seigneurs François devoient aller à ces Pyramides. Je m'empressai de me joindre à leur société ; nous traversâmes le Nil pour aller reposer au village de Gisar dans la maison de campagne du Conful François; nous continuâmes après minuit notre route, ayant les guides en avant; trois heures de marche dans des plaines entr'ouvertes par les chaleurs, nous conduifirent avant le jour au pied des Pyramides. Le fable qui les entoure étoit pour nous un défagrément qui nous en faifoit défirer l'approche, avec d'autant plus de raifon, que les Anes fur lefquels nous étions montés, s'y enfonçoient prefque jufqu'aux oreilles, & avoient eux-mêmes befoin de fecours pour fe tirer d'embarras. Les guides qui les aidoient à fe dégager, profitoient de ce moment pour voler le cavalier. Je me rappelle que le mien, au lieu de fecourir l'animal, s'occupoit à fouiller dans la poche de mon habit, dans laquelle j'attrapai fa main. Lorfque le jour montra les Pyramides à découvert, notre premier coup d'œil fe fixa fur elles. Il eft difficile de peindre l'effet qu'elles cauferent fur nous; nos fens en étoient fi affectés, que pendant plufieurs minutes le filence fut la feule expreffion de notre étonnement. Mais cette extatique fituation

A ij

fut suivie d'acclamations, qui exaltoient la grandeur de ces masses énormes & l'immensité du travail. Les trois Pyramides sembloient se disputer la préference des regards par la ressemblance de leur forme; mais aucune ne nous ouvroit de porte pour y entrer, que la plus grande; & on n'a pu encore deviner où sont celles des deux autres. Toutes ont leurs quatre faces également brûlées, & bâties de la même qualité de rochers. Parmi ceux qui ont mesuré leur hauteur, il y en a qui disent que la plus petite a trois cents pieds en quarré, la seconde cinq cents, & la troisieme six cents (a); il n'y a de taillé que les angles des faces, & c'est à ces angles que sont les degrés pour y monter; cependant, en gravissant les assises qui ont trois & quatre pieds d'élévation, je suis parvenu au sommet de la plus grande, avec moins de crainte & de peine que si j'eusse suivi directement les degrés

_____

(a) Les anciens Historiens donnent pour Auteurs de leur construction, Micarius, Cephron & Chemmis.

des angles ; elles sont éloignées d'environ vingt pas les unes des autres, & ont à leur dos un sphinx dont la tête s'éleve à plus de 20 pieds au-dessus du sable; le reste du corps, qu'on dit en avoir plus de cent de long, est enseveli dans les sables. La principale Pyramide a sa porte élevée à environ quinze pieds des sables qui couvrent sa base actuelle, & probablement à trois fois autant de sa base primitive ; la largeur de son ouverture est d'environ quatre palmes en-quarré ; on descend en rampant par une galerie de quatre-vingts pieds de long, dont un tiers est à demi-bouché par de vieux débris. A droite, & environ un tiers de distance du bout de cette galerie, est une large ouverture, au milieu de laquelle est un grand rocher brute qu'on gravit avant d'arriver à une autre galerie qui va en montant : celle-ci a quatre-vingt-seize pieds de long, & trois pieds quatre pouces de haut & de large. Au fond de cette seconde galerie, & à droite, est un puits très-profond, près duquel étoit la chambre du secret ; on voit encore les coulisses de pierre : au niveau du puits eſt une galerie de cent treize pieds de longueur, & de trois pieds de largeur en quarré, qui eſt terminée par une chambre longue de dix-huit pieds, large de ſeize, & haute de vingt ; on revient ſur ſes pas, juſques au haut de la ſeconde galerie : là eſt une eſpece de ſépulcre de quatre pieds de long, & de deux de large. A ſes côtés ſont deux trous où l'on place les pieds, de maniere que leur poſition à droite & à gauche forme un angle, dont le corps du paſſager eſt la pointe. On va ainſi franchiſſant l'eſ- pace, en enjambant d'un trou à l'autre, puis on trouve un talus de cent trente- ſix pieds de long, large de ſix, & haut de vingt-quatre. A ſes côtés ſont des bancs de pierre, placés à une égale diſtance les uns des autres. Arrivé au haut du talus, on trouve une plate- forme & un corridor incruſté de granit, qui a vingt-un pieds de long, trois pieds huit pouces de large, & trois pieds quatre pouces de haut : du corri- dor on entre dans la ſalle deſtinée à ſervir de ſépulture : elle a trente-trois pieds de longueur, seize de large & seize de haut; six larges pierres forment la longueur & la largeur du plat-fond; on y voit un sépulcre de granit à peu près semblable à celui que j'ai vu à Alexandrie dans l'Eglise de S. Athanase; il est d'une seule pierre de sept pieds de longueur, de trois de largeur, & de trois de profondeur. Ce tombeau est absolument vuide. Il paroissoit livré à la garde des chauves-souris; & comme si elles eussent craint que nous ne fussions venus pour l'enlever ou troubler leur sombre demeure, elles se jettoient sur nous & sur la lumiere pour nous en dérober la vue. Au sortir de cette salle on trouve en montant un autre corridor, moins grand, qui conduit à une petite chambre qui paroît être le couronnement de l'intérieur de la Pyramide. Les Oiseaux funebres firent les honneurs de leur ténébreux hospice jusqu'à la porte par laquelle nous étions entrés. Je ne fus pas plutôt sorti, que je gravis extérieurement jusqu'au sommet de la Pyramide. Ce sommet, qui de loin paroît fort pointu, a environ douze pieds en quarré. Six grandes pierres, rangées en forme d'une L, sont placées dans cet espace qu'elles ne remplissent pas : on diroit que cette forme est hiéroglyphique. La plus grosse a six palmes de large ; j'y lus les noms de plusieurs Voyageurs. Un air froid qui commençoit à glacer la sueur dont j'étois couvert, me détermina à quitter ce lieu élevé. En descendant, j'eus la précaution de ne fixer mes yeux que sur les rochers qui me servoient successivement d'appui. Mes deux compagnons firent tout comme moi. Quand nous eumes rejoint notre troupe, les uns partirent pour aller voir les Pyramides de Saccara, où sont les Momies, les autres pour reprendre la route du Caire. Je me joignis à ceux-ci ; & les ayant laissés à Gisar, je passai le Nil ; il me fallut une demi-heure pour le traverser sur une barque à voiles : encore n'étoit-il pas dans la plus grande crue, qui est communément de vingt-quatre à vingt-six piques, la pique est d'environ un pied & demi. On observe que s'il passe ces deux quantités, les moissons ne sont pas abondantes, à cause du trop grand séjour des eaux. Les anciens Egyptiens voulant remédier à ces inconvéniens, firent des écluses & des réservoirs pour recevoir les eaux superflues du Fleuve. Mœris qui étoit Roi d'Egypte au seizieme siecle avant notre Ere, fit construire un Lac qui porte son nom. Ce réservoir, voisin des Pyramides, & qui avoit sept à huit lieues de circuit, est maintenant comblé de sables & d'autres sédimens. Il communiquoit au Nil par un grand canal qui avoit près de quatre lieues de longueur, & cinquante de large : de grandes Ecluses ouvroient ou fermoient le Canal & le Lac, suivant le besoin : quand le débordement du Nil étoit excessif, on ouvroit les Ecluses, & les eaux trouvant leur retraite dans ce Lac ne couvroient les terres qu'autant qu'il falloit pour les engraisser ; au contraire, quand l'inondation étoit trop basse, & menaçoit de stérilité, on tiroit de ce Lac par des saignées une quantité d'eau suffisante pour les arroser. Des ouvrages si utiles méritoient d'être conservés ; & l'on voit avec douleur que les Egyptiens, qui avoient le plus grand intérêt à les maintenir dans leur intégrité, aient laissé combler un monument, qui en parant aux inconvéniens des trop grands débordemens du Nil, secondoit sa bienfaisance.

Je suis, &c.

LETTRE LIV.

Du Caire, Août 1777.

M.

LES Naturels du Pays m'ont assuré que la crue du Fleuve du Nil commence en Juillet, & finit en Septembre; & qu'il emploie autant de temps à rentrer dans son premier état. On voit, tant que dure cette crise de la nature, les troupeaux à laine quitter sans peine les rivages & les plaines, comme si leur présence étoit un obstacle au cours rapide du Fleuve; ils s'en vont paissant sur des collines arides, envisageant de ces hauts points de vue les pâturages qui naîtront des terres que ses eaux couvrent. Ces animaux timides vivent frugalement dans leur retraite, & ne se nourrissent qu'à moitié, impatiens de pouvoir paître l'herbe nouvellement venue dans les lieux que le fleuve aura quittés. Les hommes par des rapports plus éclairés, n'attendant pas le prochain effet de ces influences, confacrent aux degrés de fa crue un tribut pécuniaire qu'on peut regarder comme le premier gage de leur reconnoiffance ; & leur détermination eft fi abfolue, que pour ne pas jetter au hazard un pareil hommage, un d'eux fe députe tous les matins, le mois de Juillet & d'Août, pour aller vifiter une grande colonne, placée au milieu du Fleuve, fur laquelle font gravés fes degrés d'augmentation. Il vient enfuite criant dans la ville, que le Nil eft à telle hauteur. Pour-lors chaque particulier lui donne cinq Medins ; & quoique je ne doive pas efpérer de recueillir des fruits dans cette terre étrangere que je quitterai bientôt, j'ai voulu payer comme les Nationnaux en confidération du bien public, & comme étranger, un falaire dû à la curiofité & à une courte navigation. Il me refteroit à voir les trois recoltes que ces terres arrosées produisent ; on assure ici que le même terrain produit annuellement du froment, du lin, du ris ou du maïs, & qu'on moissonne le froment en Janvier ; mais cette satisfaction me feroit payer trop cher des impôts qui en diminueroient le prix.

Je suis, &c.

LETTRE LV.

Du Caire, au mois d'Août 1777.

M.

LES hommes jaloux de la conservation de leur être ont toujours cherché dans les ressources de l'Art le foible moyen d'étendre leur existence; ils ont bâti des sépulcres, des mausolées, des montagnes de pierre pour y placer les restes inanimés d'une vie éteinte; & comme si ces ténébreux hospices pouvoient être une sauve-garde contre la dissolution des corps, ils ont fait les efforts les plus pénibles pour leur donner toute la solidité possible; leur prétention a même été portée si loin, qu'ils ont entrepris d'enlever à la dissolution son pouvoir destructif. Ils se sont arrogé le droit de s'anéantir eux-mêmes, de brûler leur dépouille mortelle, d'en enfermer les cendres dans des Urnes ; enfin, pour mieux prévenir les coups que la fatalité leur mettoit tous les jours sous les yeux, ils ont imaginé d'embaumer les corps, pour maintenir les parties dans l'union & l'intégrité primitive ; mais ces procédés chimiques que l'industrie employoit avec tant de confiance, étoient moins des secours donnés aux pâles cadavres, que des preuves d'attachement à la vie dont on les voyoit privés.

Le baume précieux n'avoit que la force d'unir les parties entr'elles, & d'arrêter les progrès de la puissance dissolvante ; mais sa vertu ne pouvoit remplacer la seve que les corps avoient perdue, & ne faisoit qu'en augmenter la roideur, sans leur rendre l'élasticité. Sa composition, qui est un hiéroglyphe pour la chimie de nos jours, étoit bien digne de la nation Egyptienne, qui avoit su honorer mieux que toute autre les misérables restes de la caducité ; aussi le secret réservé à cette nation hospitaliere, s'est perdu dans son antiquité, & ne se laisse entrevoir dans ses effets que comme une foible lueur qui disparoît dans les ténébres.

Cependant je désirois quelque exemple qui ne me laissât pas ignorer la force conservatrice de ce baume, & je ne pouvois le trouver que dans une momie Egyptienne. Le hazard m'ayant placé dans le quartier de la nation Françoise, j'eus la satisfaction que je pouvois espérer ; un Arabe venant d'en porter une chez un Négociant, je fus invité à la voir, & j'assistai à sa dépouille.

On prit la précaution de fermer les portes, & de n'admettre aucune personne suspecte, dans la crainte que cette curiosité ne produisît de mauvais effets, si quelque fanatique de la nation Egyptienne en eût été instruit.

La caisse qui renfermoit la momie étoit goudronnée dans toutes ses parties : le bois dont elle étoit faite, étoit de sycomore, & de trois doigts d'épaisseur ; elle presentoit au premier coup-d'œil un air d'antiquité qui paroissoit en imposer à ceux qui vouloient en désunir les parties ; cependant des mains avides de toucher le dépôt, l'ouvrirent, & nous vîmes un corps revêtu d'une enveloppe d'écorces d'arbre, peintes de diverses couleurs. On y voyoit des oiseaux sauvages, des Eperviers, des Aigles, des Lions assez bien dessinés, ainsi qu'un écusson traversé par trois bandes, couleur de citron, supporté par des ailes d'oiseaux, & surmonté d'un turban noir, au-dessus duquel étoient des bandes jaunes, séparées par des lacs de diverses couleurs. Cette premiere enveloppe étant levée, on découvroit les bandelettes de toile, qu'on évalua à cent pataques (*a*); le corps étant à découvert, on vit autour du col un collier de pierres dont les grains ressembloient à ceux de jais ; un baume de couleur brune couvroit les parties, qui étoient dans leur entier ; on distinguoit les cheveux, les ongles des mains & des pieds : les ossemens surtout nous parurent avoir conservé leur premiere dureté. Sa stature étoit de cinq pieds, ses bras étoient allongés sur les cuisses, posture différente de celle du sexe qui les tient croisées sur la poitrine. Sa forme nous prouva que ce corps étoit celui d'un jeune homme,

---

(*a*) Monnoie Egyptienne, qui vaut environ six livres de France.

mais son origine & le siecle de son Ere nous resterent aussi inconnues que les hiéroglyphes peints sur l'écorce d'arbre, qui probablement les représentoient. Nous ne pûmes tirer de ce corps muet que des conjectures hazardées; il avoit été enlevé des Pyramides de Saccara par des Arabes qui savent les découvrir dans les sinuosités de ces vastes Monumens. Le trafic qu'ils en font suffiroit pour prouver que le temps a opéré dans les mœurs des Egyptiens un changement peu avantageux, puisque ce qui étoit un objet de respect & de vénération pour ce peuple antique & religieux, est devenu un objet de calcul pour les Egyptiens modernes, qui ne rougissent pas de faire servir la dépouille des tombeaux de leurs Rois à leur cupidité.

Je suis, &c.

LETTRE LVI.

Du Caire, au mois d'Août 1777.

M.

LES François qui habitent cette ville sont au nombre de vingt. Les Capucins & les Jésuites y ont un couvent: les premiers sont les Curés de la Nation Françoise. Tous vont répandre dans les maisons des Chrétiens catholiques & schismatiques les semences de la parole évangélique; les uns & les autres ne subsistent que par les charités publiques. L'ardeur de leur zele leur fait vaincre sans répugnance les chaleurs du climat, & les dégoûts attachés à une instruction d'autant plus pénible, qu'elle est dirigée vers un peuple qui est dans la plus parfaite ignorance. Celle des Prêtres Grecs, & sur-tout des Copthes, leur donne beaucoup de soins, car ils sont forcés d'instruire ces Ministres de la nation, pour que ceux-ci puissent éclairer le troupeau qui leur est confié. Les Grecs, entiérement livrés au commerce & aux affaires de la vie civile, bornent leurs idées sur la religion à des pratiques simples quoique superstitieuses, qui ne donnent point de gêne à leur ambition : mais le Cophte naturellement franc, & moins entêté de ses systêmes, dédommage par sa docilité les Pasteurs chargés de l'instruire. J'aurai dans le cours de mon voyage occasion de vous entretenir plus au long sur cet objet. Les sollicitudes de mon départ, fixé à demain, ne me laissent que le temps de vous décrire la forme des fours à poulets, & j'y suis engagé d'autant plus naturellement, que l'on vient de m'en servir un, éclos dans ce magasin d'abondance.

La maniere de faire éclore les œufs par la chaleur artificielle, n'est pas commune à tous les lieux de l'Egypte ; on distingue principalement deux bourgs où cet art est employé avec succès. Ces atteliers sont composés de deux chambres, dont la premiere est dans la terre, & la seconde qui forme le premier étage, s'éleve au-dessus, chacune a un plancher & une ouverture pour recevoir les œufs & la chaleur qui est communiquée par l'orifice extérieur de la chambre supérieure. On allume le feu pendant huit jours, une heure le matin & une heure le soir: lorsque la chaleur est au degré qu'il faut, on prend une partie des œufs qui étoient déposés sur le plancher de la seconde chambre pour les placer dans la chambre basse, & l'on bouche l'ouverture supérieure de cette chambre, ainsi que celles qui sont aux côtés de l'édifice qui servent à pénétrer dans ces fours ; mais comme il arrive que la chaleur communiquée ne conserve pas également son intensité, l'intendant de la ménagerie a le soin de l'administrer par les ouvertures dont je viens de parler. L'incubation s'annonce le dix-neuvieme jour par le mouvement du poulet, qui le lendemain perce l'œuf pour en sortir. Cette multitude de poussins, amoncelés dans ces cafes, & dépourvus des foins d'une mere, offre un singulier spectacle ; l'aliment qu'on leur présente est d'abord saisi par l'instinct, mais l'appétit devenant plus impérieux à mesure que le plumage augmente, on les voit sortir de leur retraite & chercher leur pâture, comme pour épargner au nourricier les foins fatiguans de leur entretien. Ainsi l'art fournit quelquefois à la nature les moyens de développer les germes de la fécondité & de l'abondance.

Je suis, &c.

LETTRE LVII.

En Egypte, le 11 Août 1777.

M,

JE quitte enfin le Grand-Caire, & la multitude qui remplit cette ville, pour aller dans des lieux plus solitaires & moins agités par les factions. J'ai déja vu à Boulac le Douanier, qui m'a promis une place dans le premier bâtiment qui ira à Damiette. Le climat que je vais parcourir me fait espérer un voyage qui me dédommagera des frayeurs que m'ont causées les révolutions de cette capitale. Le prix du passage étant convenu, je viens de me rendre à bord d'un bâtiment ; mais la joie que me causoit mon départ étoit trop vive pour être d'une longue durée ; elle a été traversée par une aventure à laquelle j'étois loin de m'attendre.

Les gens de l'équipage étoient allés au fauxbourg pour faire les provisions du voyage. J'étois seul dans le bâtiment, les regards fixés sur le rivage, attendant avec impatience l'arrivée des matelots, lorsque je vis venir deux Turques voilées qui couroient à toutes jambes vers le lieu où j'étois. Elles se précipiterent dans ma chambre pour y chercher un abri contre la persécution ; aux gémissemens & aux pleurs succederent bientôt les marques de désespoir ; elles se frappoient la tête & les genoux, & tous leurs signes peignoient l'excès de leur affliction. Touché d'une scene aussi attendrissante, je cherchois à deviner la consolation dont elles avoient besoin, & comme si elles eussent voulu m'en rendre le moyen plus aisé en m'inspirant plus de sensibilité, elles leverent les voiles qui couvroient leur visage baigné de larmes, & les baisserent aussi-tôt. Je regrettois de n'entendre pas assez la langue Arabe qu'elles parloient, pour répondre à leurs discours plaintifs ; mais je crus démêler dans les signes expressifs expreffifs de leur douleur une partie de ce qui la caufoit ; je l'attribuai aux befoins de premiere néceffité, & leur donnai une poignée de paras (*a*), qu'elles reçurent avec empreffement & reconnoiffance ; elles donnerent quelques-unes de ces piéces à un matelot qui vint à bord, & qui repartit auffi-tôt.

J'attendois dans le filence le dénouement de ce que je venois de voir, me félicitant d'avoir trouvé le moyen de fufpendre leur douleur, lorfque je vis arriver le même matelot chargé de pain cuit fous la cendre, qu'il mit entre leurs mains ; cet aliment tarit la fource de leurs larmes : la vivacité avec laquelle elles mangeoient n'étoit interrompue que par les remercîmens qu'elles m'adreffoient tour-à-tour en fignes & en paroles ; la joie étoit peinte fur leur vifage, dont l'expreffion n'étoit point équivoque ; il étoit difficile à diftinguer dans nos fentimens quel étoit

---

(*a*) Monnoie Egyptienne, qui vaut environ fix liards de France.

le plus doux du bienfait ou de la reconnoissance. Ces infortunées m'apprirent qu'elles étoient victimes du malheureux sort d'un Prince, leur maître, qui avoit été assassiné le matin dans son palais par un Bey son ennemi; qu'elles avoient échappé à la fureur des soldats, qui avoient investi le Harem des femmes dans l'intention de les massacrer, & qu'elles n'avoient songé qu'à se jetter dans le premier asyle que le hasard leur offriroit, sans avoir pu emporter d'autres vêtements que ceux qui les couvroient. Le Patron touché de leur sort, les plaça dans un coin du vaisseau séparé du logement des hommes. On mit à la voile; le cours rapide du Nil qui croissoit nous éloigna en peu de temps du fauxbourg de la Capitale; bientôt nous vîmes des plaines immenses inondées par les eaux bienfaisantes de ce fleuve, & couronnées de superbes dattiers, qui paroissoient vouloir en arrêter le cours: cependant la terre sur laquelle ils s'élevoient sembloit s'abaisser pour en recevoir les influences. On voyoit les sommets des petites îles se laisser dominer sans résistance, & s'ensevelir dans le courant; mais la nuit tombant sur l'horison qui domine le bourg d'Ytalap, vint nous cacher ce spectacle, & nous en préparer dans le silence un nouveau pour le lendemain.

Je suis, &c.

LETTRE LVIII.

Sur le Nil, le 12 Août 1777.

M.

Nos yeux pour un temps privés de la lumiere, avoient besoin du spectacle riant qu'offrent dès les premiers rayons du soleil les contrées fertiles qui bordent ce fleuve. Qu'il est doux ce moment où l'astre du jour venant interrompre les fonctions paisibles de la nature, réveille les différens êtres placés sur ces hémispheres, les montre comblés des bienfaits de la nuit, & disposés à recevoir les nouvelles beautés que sa lumiere va leur prodiguer !

Le Nil devenu plus rapide annonce son accroissement par le bruit de son cours : les arbrisseaux ressentant de loin les douces vapeurs de ce fleuve, s'empressent d'étendre leurs feuilles &

leurs branches chargées de fruits, comme pour étaler les effets de sa bienfaisance. La verdure même ranime sa couleur par une teinte d'un rouge pâle, qui semble désigner l'action du feu nourricier de la terre. C'est ainsi que la nature déploie ses dons & ses graces. Mais tandis que cette grande œuvre s'opére avec force, le spectacle devient plus intéressant : des bourgs considérables se montrent dans le lointain & se rapprochent de nous à mesure que la navigation devient plus rapide ; des rameurs traversent le fleuve, & conduisent d'un bord à l'autre, l'ouvrier que le travail appelle; d'autres se croisent en le côtoyant, & transportent des denrées de différentes especes ; les oiseaux amphibies animés par cette variété, nagent & volent sur les eaux à peu de distance des bâtimens, & font tour-à-tour l'office de guides & de gardes. Mais l'admirations augmente lorsqu'on jette les yeux sur les belles plaines qui bordent ces rives : on y voit une multitude d'oiseaux étaler leurs plumages peints de diverses couleurs, comme pour étendre l'ombrage qui y regne, ou pour orner d'un nouvel éclat les lieux qu'ils ont choisis pour asyle: c'est là que faisant succéder les accens mélodieux aux jeux folâtres, on les entend célébrer par d'agréables concerts les délices de leur séjour. Les alimens qu'ils trouvent dans ces plaines fertiles, la variété des bosquets sont, sans doute, les appas qui les y réunissent en si grand nombre; mais ce qui les fixe dans ces lieux, c'est la tranquillité dont on les laisse jouir; rarement on leur tend des piéges. Les cultivateurs amusés par leur société, chérissent leur existence, & craindroient de porter atteinte à leur bonheur; ils ne dirigent presque jamais sur eux les coups effrayans des armes meurtrieres; aussi voit-on les oiseaux consacrés à la solitude & à la retraite, oublier leur instinct & leurs habitudes pour se rendre à cette assemblée, & montrer par un air de familiarité l'influence du commerce social. Ils ne se séparent du centre de leur réunion que lorsque la fraîcheur du soir les invite au repos ; les oiseaux à ramage choisissent de préférence les citronniers, les bananiers, & les orangers ; ceux d'un plus haut vol se reposent sur les acacias, les dattiers & le sycomore, qui est l'arbre favori des tourterelles : chaque famille a ses arbres marqués par l'instinct. Ce spectacle se continua jusqu'au village de la Querta, vis-à-vis duquel nous venons de passer, & qui est ombragé de ces arbres. Le bâtiment entraîné par le courant nous a fait changer d'objets. Le bourg de Ramla que nous appercevons se distingue par des maisons bâties en pyramides, couronnées d'un colombier. D'autres villages placés à la droite & à la gauche du fleuve, se font moins remarquer par leur beauté, que par leur nombre. Celui de *Metram*, où nous avons mouillé le 13, est vis-à-vis le bourg de *Zepthé* ; c'est dans ce lieu que je reconnus l'attachement que les Egyptiens portent à l'espece volatille : ayant fait acheter des pigeons je dis au commissionaire de les étouffer, ma proposition fut refusée avec hauteur; les gestes des spectateurs accompagnés de termes de dépit, me prouverent l'intérêt qu'ils prenoient à la conservation de ces oiseaux. *Aboufsir*, que nous laissons à notre gauche, paroît joli & assez commerçant; on y fait des teintures en bleu que l'on dit être très-bonnes. *Samanont* nous a montré dans son petit port quantité de barques, qui bordent sa longueur. *Mansoure*, fameux par les batailles que virent ses environs sous le regne de saint Louis, paroît être un bourg assez considérable, plusieurs Beys y ont de jolies maisons de plaisance, dont les fenêtres sont petites & fermées de treillis; ces édifices ont beaucoup de longueur & peu de hauteur. Le 14 après midi nous avons relâché au village d'une jolie plaine, couverte de ris, & qui conduit à Damiette; chacun s'apprête à aller à sa destination. Les infortunées dont je vous ai parlé dans ma lettre précédente, se séparent de nous, en me renouvellant les témoignages de leur reconnoissance;

& je vais à la ville chercher le repos que le plancher couvert de nattes sur lequel j'ai couché, ne m'avoit pas permis de goûter.

Je suis, &c.

LETTRE LIX.

A Damiette en Egypte, le 18 Août 1777.

M.

JE vous parlerois de la fondation de cette ville, si son origine étoit embellie de détails intéressans sur lesquels on pût compter ; mais des recherches bornées à des relations & à des traditions vagues, en me montrant peut-être quelques faits particuliers, me laisseroient ignorer les essentiels qui sont gravés du ciseau de la belle antiquité ; l'Ere immense des temps dans laquelle ils doivent se trouver confondus ou anéantis, seroit à la curiosité une trop effrayante image, pour oser consacrer des efforts inutiles. Sans doute les premiers qui ont voulu habiter un sol si fertile & si agréable, ont employé ce que la sculpture & l'architecture avoient de plus beau, & le choix des matériaux a dû être le principal objet auquel ils se sont attachés; mais qu'ils aient suivi cette marche naturelle, ou que les difficultés en aient empêché l'effet, il reste toujours la même position, qui présente des agrémens avec simplicité; & quoiqu'on puisse la supposer autrefois plus ornée de monumens, on y voit une ville dont les édifices bâtis en pierres de taille, & d'une blancheur éclatante, contrastent agréablement avec les eaux & la verdure de la plaine qui l'environnent : je l'ai parcourue, dans sa longueur, qui borde le Nil, dans l'espace d'un quart-d'heure, sur un bateau à rames & à voiles. Le comble des maisons qui regardent le fleuve est en plate-forme : les eaux dans leur crue s'élevent au niveau des sallons, bâtis en forme de galeries ouvertes, ombragés par des pampres de vigne ou par d'autres arbrisseaux; c'est-là que se tiennent de préférence les Propriétaires, pour admirer le cours rapide du fleuve & la diversité des bateaux qui le couvrent; mais le plus grand avantage qu'ils retirent de ce voisinage c'est la fraîcheur qu'il leur communique, & qui tempére les chaleurs excessives de l'été.

Environ trente mille habitans peuplent cette jolie ville, sujette au gouvernement du Caire. La religion Mahométane est la dominante : le culte des Catholiques n'y est pas si visiblement toléré que dans la Capitale. Les Maronites & les Grecs, qui sont les seuls qui tiennent au siege de Rome, n'ont qu'un simple Oratoire, fermé comme un buffet à deux battans & placé dans un coin de salle; ils ont un Prêtre pour leur administrer les Sacremens.

On voit à l'extrêmité orientale de la ville les restes de l'ancien château, appellé le fort Saint-Louis. On assure que vis-à-vis la rive opposée, ce Roi avoit fait construire une seconde forteresse, liée à la premiere par une chaîne capable d'arrêter les vaisseaux ennemis qui auroient voulu l'attaquer.

Les Grecs catholiques ou fchifmatiques obfervent plufieurs temps d'abftinence : ils ont quatre carêmes dans l'année ; durant le premier, qui eft celui de Pâques, ils ne mangent ni œufs ni poiffons, & ne commencent leurs repas qu'un peu de temps avant le coucher du foleil : les Prêtres ne célebrent la Meffe qu'à quatre heures après midi, à laquelle fuccede un déjeûner ; il leur eft permis, ainfi qu'aux nôtres, de faire un ou deux repas avant minuit : le fecond carême commence dans l'Octave de la Pentecôte, & finit aux fêtes de faint Pierre & S. Paul ; le troifieme commence le premier Août, & finit le jour de l'Affomption ; le quatrieme dure fept femaines, & finit à Noël : pendant ces trois derniers carêmes, les Prêtres ont la liberté de dire la Meffe à midi & de prendre enfuite leur repas, ainfi que les Séculiers de leur religion ; il leur eft permis de manger du poiffon, ils ne jeûnent point le famedi ni le dimanche, hors le temps d'abftinence, & ils mangent de la viande le samedi, mais jamais le mercredi ni le vendredi.

Damiette est commerçante, & présente dans ses abords le double avantage qu'elle retire du Nil & de la mer; on y voit un reflux continuel de diverses marchandises, telles que le ris, le coton, les grains, toiles, &c. Il regne dans ces Moles une grande activité; les Turcs & les Egyptiens paroissent en favoriser les progrès par leur affabilité.

La sévérité du Gouvernement ne s'étend qu'aux occasions où il la croit nécessaire. Trois voleurs qui avoient tenté d'enlever l'argent de la douane, viennent d'en éprouver les effets; ils n'ont pas été plutôt surpris dans leur entreprise, que leur condamnation l'a suivie de près : la bastonnade & un exil perpétuel sont le décret qu'on leur a prononcé; mais avant de leur en faire subir la peine, on les a promenés six heures dans la ville, montés sur des ânes, le visage tourné vers la queue, ayant sur leur tête un cornet de papier doré, & sur le dos un écriteau

qui marquoit la caufe de leur condamnation. C'eft ainfi que dans cette
ville le crime eft toujours fuivi
d'une prompte juftice.

Je fuis, &c.

LETTRE LX.

A Damiette en Egypte, le 20 Août 1777.

M.

Les nouvelles arrivées du Caire annoncent de tristes événemens : on ne parle que de têtes tranchées & jettées dans le Nil; personne n'ose se mettre en route, craignant que ces troubles n'aient de funestes suites. Ismael Bey voulant se rendre maître du pays, emploie tout ce que l'ambition & l'audace peuvent entreprendre : les Beys qu'il a mis à la place de ceux qu'il a chassés, secondent ses projets, qui, si l'on en croit l'opinion publique, n'auront pas une fin heureuse. Ces guerres, quoiqu'éloignées, jettent la consternation dans l'ame des habitans de Damiette, & la nouvelle qui s'en répand dans ses environs, retarde le transport des marchandises. Le Gouvernement a reçu ordre de faire embarquer des troupes pour le Caire, ce qui me prive des matelots destinés à conduire les *Germes* (barques à rames,) sur lesquelles je dois traverser le Bougaz pour faire mon voyage du *Liban*. Je vais employer cet intervalle à visiter les bosquets délicieux qui entourent Damiette; celui qui se présente à la partie occidentale de cette ville mériteroit la plus belle description; on y est attiré par les vapeurs odoriférantes que des orangers à haute-futaie mollement agités par les vents répandent dans ses environs. Dès l'entrée on voit une forêt d'arbres élever leur tige, & protéger de leur ombre les lieux où ils ont pris naissance; leurs branches courbées sous le poids des fruits ne paroissent s'incliner que pour inviter à en cueillir : près d'eux s'élevent des jasmins gros comme des chênes de vingt ans, dont la fleur blanche est plus odoriférante & beaucoup plus grande que celle qui croît dans nos jardins. Plus loin le cedre, vulgairement appellé *cédriers aux grands fruits*, croît à l'ombre des larges feuilles de bananiers; celui-ci porte ses fruits sur un bois plus élevé comme pour marquer leur supériorité: c'est-là que les citronniers, les grenadiers se mêlant aux grands acacias, aux dattiers, aux sycomores, quoique placés par le hasard, forment en différents sens des allées que la nature semble avoir dessinées. Il m'étoit impossible dans cet amas de vapeurs délicieuses de pouvoir distinguer entr'elles, & leur assigner une préférence qu'elles méritoient toutes en particulier: mes sens émoussés par cette jouissance avoient perdu leur activité. Mais en m'éloignant à regret de ce séjour charmant, ces différentes impressions se développant, vinrent renouveller avec ordre mes sensations & me donner de nouveaux plaisirs: cependant je crus devoir faire diversion à des objets dont la continuité me fatiguoit, & je fus sur la route publique voir passer le peuple Egyptien, qui se rendoit en foule dans un bourg voisin où l'on célébroit la fête locale d'un de leurs Saints; les uns paſſoient aves des bannieres & des étendarts, en chantant les louanges du Saint; d'autres attirés par la ſeule curioſité ſe promenoient aux environs de la Moſquée, & dans la place publique où ſe vendent les objets de premiere néceſſité, puis alloient augmenter le nombre des ſpectateurs arrêtés par les danſes & le chant des *Almes*, & enſuite ſe repoſer ſur le gazon, rafraîchi par l'ombrage des ſycomores. Mais ce qu'il y avoit de plus ſingulier, c'étoit de voir le ſérieux & la gravité Turcs s'humaniſer dans ces circonſtances, & ſe mêler aux jeux folâtres qu'ils déteſtent.

Je ſuis, &c.

LETTRE LXI.

Damiette, au mois d'Août 1777.

M.

SUR le point de m'embarquer le 29 dans une *polacre*, qui doit faire voile vers Sidon, je ne croyois laisser dans cette ville aucun vestige de mon séjour : cependant la Providence, qui conduit toutes choses, en a ordonné autrement, & m'a fourni le moyen de pratiquer une cérémonie de religion le jour de S. Louis. Une dame Maronite accouchée depuis trois jours d'un garçon, étoit à la veille de le faire baptiser, lorsqu'on lui apprit qu'il y avoit à Damiette un Prêtre François nouvellement arrivé ; son mari, négociant très-riche, vint me prier d'en être parrain. N'ayant jamais voulu accepter en France de pareilles obligations, je ne me souciois pas d'en contracter dans un pays que je ne devois revoir de ma vie ; mais la confiance de cet homme dans les Saints que nous honorons, la pureté de ses mœurs & ses instances réitérées me déterminerent à accepter : je me rendis à l'heure indiquée dans la chambre de la mere, qui désiroit être présente au baptême de son fils. Un autel simple & orné des vases nécessaires à la cérémonie, une grande cuve de cuivre pour recevoir les eaux dont l'enfant devoit être arrosé ; un divan & le lit nuptial occupoient la moitié de l'espace ; l'autre moitié étoit remplie par les parens & les témoins de cette auguste cérémonie. Je tenois seul l'enfant, & j'avois la marraine à côté de moi. Après que le Ministre catholique eut multiplié les signes de croix, récité de longues prieres conformes à sa liturgie, & fait les onctions & autres cérémonies, l'enfant fut plongé nud dans un bassin, & reçut les immersions du Ministre ; les miennes & celles de la marraine confacrées par l'ufage dans le rit catholique de l'Eglife Maronite. L'ayant retiré des fonds baptifmaux, je le pris entre mes bras, quoique tenant un cierge à chaque main, je fuivis le Prêtre, qui fit deux fois le tour de la chambre & de l'autel, en récitant des Litanies Arabes : la cérémonie finit par des oraifons beaucoup plus longues que celles de l'Eglife Latine. L'enfant fut rendu à fa mere, puis dépofé dans un berceau où chacun lui adreffa des fouhaits pour fa profpérité & fa longue vie.

On fe rendit enfuite fur le comble de la maifon, bâtie en plate-forme, où l'on avoit préparé un fouper fplendide : on avoit choifi ce lieu à caufe de la fraîcheur qui y régnoit. Le Prêtre ayant donné la bénédiction aux aliment fervis, & le les ayant encenfés, chacun s'empreffa de faire bonneur aux mets contenus dans un ovale de cuivre, où l'on avoit réuni dans le même plat fe ragoût, le rôti, les légumes & le ris fricaffés avec des oignons & du beurre ; il y avoit encore un mets que les Egyptiens appellent *cabe*; c'est un composé de viande hachée & de concombres, assez ressemblant à une croûte de pâté bien cuite.

L'usage du pays étant de servir le dessert sur une seconde table, nous nous levâmes & fûmes nous y placer : le Prêtre donna de nouveau la bénédiction, & l'on mangea des fruits. La conversation étant devenue générale, chacun s'y livra avec d'autant plus de liberté, qu'une fraîcheur délicieuse se faisoit sentir, & augmentoit à mesure que la nuit couvroit l'horison. Parmi divers sujets qui y furent traités, l'histoire de la ville de *Tirsous* fut celui qui me fixa. Cette ville connue autrefois sous le nom de *Tharses*, capitale de la *Cilicie*, appellée *Caramanie* par les Modernes, offre de beaux restes qui font regretter son antique splendeur : on y remarque deux portes rondes dont les ceintres & les montants sont en marbre blanc très-fin, ornés de la plus noble architecture ; aux deux côtés de la porte s'élevent deux tours d'une belle structure. Dans le centre de la ville est un édifice en quarré long; le ciment qui unit les pierres dont il est composé, est si dur, que le marteau n'en peut rien détacher ; sa longueur est d'une portée de fusil chargé à grenailles, & sa largeur d'un trait de pierre lancé avec force. Les Naturels du pays prétendent que cet édifice avoit servi de temple aux Divinités Païennes, & que les Chrétiens venus depuis l'ont fait servir d'Eglise ; les Mahométans qui en sont les maîtres ne l'ont destiné à aucun usage ; ils ont fait bâtir dans un autre quartier de la ville une Mosquée, qu'on dit être remarquable par la grosseur & le nombre de ses colonnes de marbre ; mais l'entrée de ce lieu n'étant permise qu'à ceux de leur religion, il n'offre que des regrets à la curiosité des étrangers.

Je suis, &c.

LETTRE LXII.

… LETTRE LXII.

Damiette, au mois d'Août 1777.

M.

J'AI différé de vous parler des bains usités chez les Egyptiens, parce que j'ai voulu en asseoir la description sur une base solide, & parcourir les divers climats de ce Royaume pour mieux m'assurer de l'uniformité des goûts & des usages. Je ne vous parlerai point des bains peu décents que prennent en public les Egyptiens de l'un & de l'autre sexe dans le Nil pendant les grandes chaleurs de l'été, ni du spectacle qu'offrent les bords de ce fleuve couverts par la multitude ; mais de ceux qu'on a construit dans les villes pour la commodité des citoyens ; ils sont par-tout très-propres & très-commodes ; ceux de Damiette, dans lesquels j'ai été attiré par le besoin & la curiosité, présentent à l'extérieur un édifice élégamment construit, qui annonce les beautés simples de l'intérieur. Dès l'entrée on traverse une grande salle qui reçoit le jour d'en-haut par une ouverture pour aller dans celle où l'on se déshabille : lorsqu'on a quitté ses vêtemens, on entre dans un long corridor qui conduit aux salles des bains ; mais en parcourant cet espace on sent une chaleur qui augmente à mesure qu'on en approche de telle maniere qu'une moiteur sensible s'exhale du corps, & augmente par degrés jusqu'à la premiere salle. Cette salle est pavée d'un marbre rouge bien poli ; à l'un des côtés sont placés deux robinets, l'un pour l'eau chaude, & l'autre pour l'eau froide : on s'étend sur le pavé à portée de recevoir celle qu'on désire ; le corps en étant baigné, le garçon baigneur le lave de nouveau avec la premiere éponge, & l'essuie avec une plus douce ; ensuite, tel qu'un potier qui perfectionne une colonne d'argille, il unit, polit, applatit & presse la peau sur la chair d'une maniere qui rend le corps plus serré, plus compact & plus élastique : puis il vous prend & fait craquer successivement les doigts des mains & des pieds, & les jointures, avec la plus grande adresse & sans causer la plus légere douleur. Mais une opération où la force est unie à la dextérité, c'est lorsque vous faisant asseoir sur ses genoux, il embrasse de ses deux mains vos jambes, qu'il tient repliées comme si elles étoient dans un court berceau : alors s'aidant de son estomac pour vous faire courber les épaules, il réussit à faire faire à vos reins un craquement bien plus considérable que celui des doigts & des jointures ; il lui est indifférent d'exercer sa manœuvre sur les grands ou les petits corps ; il les manie également sans en être embarrassé.

On est libre de se faire frotter de pommade. Enfin on est reconduit dans la salle où sont les habits, dans laquelle on offre le café & la pipe. Ces bains salutaires coûtent environ un petit écu. Leur effet est de rendre le corps très-dispos, &, selon les Egyptiens, de le garantir des maladies attachées au climat.

Les bains des femmes sont séparés de ceux des hommes ; il y regne, dit-on, la même propreté, mais ils sont beaucoup plus fréquentés. Comme c'est le lieu où elles vont avec le plus de liberté, elles s'y réunissent pour y faire des repas de société, & s'y délasser des rigueurs de la servitude ; c'est-là qu'elles se livrent sans contrainte à une gaieté d'autant plus délicieuse, qu'elles sont sûres de n'être point interrompues dans leurs plaisirs.

La vanité dans les parures n'est pas ce qui attache le plus les Egyptiennes ; leurs vêtemens ont la même forme, il n'y a de différence que dans la couleur & la qualité des étoffes, qui dépendent du goût & de la fortune. Elles portent une robe de chambre à longues manches, fendue jusqu'à la poitrine, & mollement serrée par une ceinture de prix, par-dessus laquelle elles mettent un habit nommé *Benists*,

& qu'on peut comparer à nos longues redingotes ; les coutures de cet habit sont quelquefois couvertes de larges galons d'or. Leurs cheveux sont treſſés ou épars, mais réguliérement couverts d'un voile qui deſcend juſqu'à l'eſtomac , & qu'elles ne relevent que lorſqu'elles veulent aſſurer quelqu'un de leur parfaite eſtime : cette marque d'honnêteté eſt d'un grand ſens , & de la plus grande énergie chez ce peuple , & m'a paru beaucoup plus décente que le roulis qu'elles font dans leur goſier , lorſqu'elles ſaluent quelqu'un de leur connoiſſance. Il y en a parmi elles qui, tenant dans leurs mains des oiſeaux , tels que le chardoneret , le moineau , la tourterelle , les offrent avec grace aux paſſants , & paroiſſent leur témoigner de la reconnoiſſance de les avoir acceptés. Elles portent de légeres bottes de maroquin jaune. Les cheveux qui bordent leur front ſont garnis de ſéquin en or & de pierreries , ainſi que les treſſes qui flottent derriere leur dos ; mais leur parure n'eſt jamais plus grande que lorſqu'elles vont en pélérinage à quelque fameuse mosquée, & sur-tout à la Mecque; aussi les séquins Vénitiens, qui ont beaucoup de cours dans ce pays, ont plus de valeur dans ces circonstances: ces sortes de parures sont quelquefois nuisibles à celles qui les portent en public. Peu de temps avant mon arrivée en cette ville, une Cantatrice Egyptienne, qui plaisoit à tout le monde par ses attraits, & dont la tête étoit chargée de cette monnoie, fut attirée dans la maison d'un escroc Européen, qui lui coupa ses longs cheveux pour en avoir les riches ornemens.

Quelques Egyptiennes portent des pendants d'oreille de la longueur de trois pouces; d'autres ont un anneau d'or, garni d'un brillant suspendu entre les deux narrines; celles qui sont à marier se noircissent les paupieres inférieures, & celles qui sont mariées se distinguent en se teignant en rouge les ongles des doigts avec le jus d'une plante. On appelle cet arbrisseau *Tamrahenné*. Les parens choisissent les époux que les épouses ne connoissent souvent

AU MONT-LIBAN.
que le jour des noces, qui font célébrées au fon des inftrumens, & par le chant des *Almes*, qui expriment avec une finguliere énergie la joie & le bonheur des époux.

Je fuis, &c.

LETTRE LXIII.

Le premier Septembre 1777.

M.

LA nature semble concentrer ses beautés dans les lieux d'un difficile accès, & se plaît à retenir celui qui a osé y pénétrer, en lui développant ses attraits, ou l'environnant d'obstacles qui rendent sa sortie difficile; je viens d'en faire l'épreuve en quittant Damiette & ses charmans environs. Les regrets de m'en éloigner & la crainte du péril, que l'on court à la traversée de la barriere qui la sépare de la mer, m'ont accompagnés jusqu'au vaisseau.

Je me suis rendu le 29, à minuit, près du Bourg de *Lusbi*, sur une barque découverte, & c'est-là que j'ai attendu que le lever du soleil vînt éclairer le dangereux passage du *Bougas*; ce mot, qui en langue arabe signifie *lieu de tempête*, n'exprime que foiblement toute l'horreur de cet endroit. C'est-là que le Nil s'embouchant dans la mer, force cette derniere à le recevoir dans son sein. Ce combat est terrible : la mer, comme irritée, en mêlant ses flots aux eaux roussâtres du Nil, les amoncele pour repousser leur violence. L'un & l'autre cherchant à se surmonter, élevent leurs eaux à une très-grande hauteur, & accompagnent d'un bruit effrayant leur horrible conflit. Les vents venant bientôt prendre part à la querelle, se déclarent tantôt pour l'un, tantôt pour l'autre : l'hiver ils favorisent la mer, l'été ils protegent le fleuve ; aussi ce passage toujours dangereux l'est-il moins au mois d'Août. C'est dans cette saison que le vent prospere qui accompagne le Nil enflé de sa crue, presse la mer de lui donner place ; mais jamais elle n'accorde cet avantage au-delà d'une ou de deux lieues d'étendue : on distingue aisément les limites qu'elle met à cette faveur par la couleur différente des deux eaux.

J'ai mis deux heures à traverser le

passage du *Bougas*. Les montagnes d'eau qui occupoient l'espace ne nous permettoient pas d'aller plus vîte. Il falloit attendre que leur chute nous ouvrît le passage; mais on ne l'avoit pas plutôt franchi, qu'il s'en formoit de nouvelles, qui présentoient la même difficulté à surmonter. Tantôt de minces lames d'eau, qui descendant de leur cime, venoient se briser contre les flancs de notre légere barque, tantôt des napes énormes s'en détachoient & venoient nous inonder en passant rapidement sur nos têtes. Occupés à rejetter l'eau qui appesantissoit notre barque, il sembloit que nous préparions une place à celles qui voudroient s'y jetter de nouveau; elles y entrerent deux fois de suite en si grand volume, que si une troisieme leur eût immédiatement succédé, nous eussions éprouvé le sort de pusieurs passagers, ensevelis sous les eaux depuis trois jours. Les rameurs vigoureux s'excitoient au travail par des cris pénibles qui ranimerent notre courage. Enfin, nous vîmes que notre barque avoit passé les plus hautes montagnes, & paroisfoit en descendant s'éloigner de leur cime, & nous nous félicitâmes mutuellement d'être échappés à un si grand danger.

J'essuyai le 23 Novembre de l'année derniere au Cap Sainte-Marie, près la bouche du golfe Adriatique, une violente tempête qui dura trois jours; mais le danger que je courus ne fut pas aussi grand, & ne me causa pas autant de crainte que la traversée du Bougas. J'étois impatient d'aller à bord du vaisseau qui étoit en rade; & je croyois être en sûreté lorsque je l'aurois joint; mais, voulant monter sur le pont par une échelle de corde qu'on me tendit, mes pieds glisserent & je me vis suspendu, me tenant accroché à une corde dont l'extrêmité étoit attachée sur le gaillard. Le canot que la mer élevoit par secousses me servit de soutien, & me donna la facilité de rencontrer l'escalier par lequel je montai à bord. Le vaisseau étoit rempli de deux cents Turcs passagers, qui venoient de quitter le service des Beys exilés du Caire. Deux heures après on tendit les voiles; le

C vj

vent frais qui les agitoit me fit perdre de vue les tristes endroits où je venois de passer, & fit succéder le calme à l'agitation que j'avois éprouvée.

Je suis, &c.

LETTRE LXIV.

A Sidon, le 7 Septembre 1777.

M..

LA chaleur & le calme que nous avons éprouvés dans notre traversée, ont produit de funestes effets ; notre navigation qui en d'autres temps auroit été de deux jours, a été prolongée jusqu'à six ; ce retard, auquel nous étions loin de nous attendre, a occasionné une disette d'eau douce, qui avoit été épuisée par la soif dévorante qu'avoient causée les chaleurs excessives. Le nombre des passagers étoit de deux cents cinquante : ils étoient Egyptiens, Musulmans & Arabes : le Bey qu'ils servoient, étant chassé du Caire, ils alloient chercher à Samos, & aux divers climats de la Syrie, des emplois analogues à leurs talens ; plusieurs jouoient du sistre, des timbales

& d'autres instrumens. Les premiers jours de la navigation se passerent avec gaieté; mais la provision d'eau venant à manquer, les Arabes suspendirent aux mats leurs instrumens: vous auriez vu régner le plus grand silence; ces Mahométans prononçoient à voix basse des prieres; je pensai que c'étoit pour obtenir la fin d'une prompte navigation; mais l'ardeur de la soif les rendit impatiens. Aux plaintes succéderent les murmures, qui ne pouvant combler le désir, l'échauffoient encore davantage. Les Turcs passagers sur-tout se répandoient en termes menaçans, & blasphémoient contre l'eau de la mer dont ils ne pouvoient pas boire.

La nécessité fit rechercher au fond des tonneaux épuisés le peu d'eau qui y restoit, & ce précieux reste, distribué avec économie, diminua la soif & éteignit le feu de la discorde qui commençoit à s'allumer; mais ce qui en excitant ma sensibilité fixa mon attention, ce fut l'air flegmatique & cruel avec lequel un Turc donnoit à boire de cette eau à trente Négresses qui étoient entassées dans une petite chambre : il falloit qu'elles bussent toutes lorsqu'il faisoit la ronde, & il forçoit cruellement celles qui n'en vouloient pas, en leur enfonçant dans la bouche le gouleau de la cruche avec tant de force, que l'on voyoit le sang de ces misérables esclaves ruisseler par l'effet de cette brutale impression ; cependant il paroissoit avoir plus d'humanité pour quatre blanches qu'il avoit placées sur une banquette élevée dans la même chambre : il les distinguoit par la qualité de la nourriture qu'il avoit soin de leur apporter, & par la douceur des propos qu'il leur adressoit. C'est dans ces circonstances que la nature manifeste que l'instinct qui décele le besoin, est commun à tous les êtres : lorsque ce Turc entroit dans leur chambre, elles faisoient un bruit pareil à celui que font les chevaux lorsque le palefrenier vient leur donner à manger.

Les blanches étoient belles, & au-dessous de l'âge de vingt ans ; on les avoit amenées, n'ayant que six ans, dans le ſerrail d'un Bey du Caire, qui venoit d'être exilé. Le marchand qui les avoit achetées, alloit les vendre au Pacha de Samos. Elles étoient chrétiennes, comme le ſont aſſez généralement les habitans de ce pays; les ſignes viſibles de religion qu'elles ſe plaiſoient à répéter, prouvoient que le changement du climat, ni le temps, n'avoient encore pu effacer l'empreinte de leur premiere éducation; mais la circonſtance qui paroiſſoit favoriſer le plus de pareilles démonſtrations, étoit le temps où nous faiſions notre priere publique. Elles ſortoient alors de leurs chambres pour en être témoins; dans le premier moment elles paroiſſoient gravement appliquées à conſidérer nos pieux exercices: l'inſtant d'après elles nous montroient par des ſignes de croix, ou le déſir de s'unir à nos prieres, ou l'expreſſion imitative d'une religion qu'elles connoiſſoient; mais jamais elles n'oſoient prendre cette liberté qu'en l'abſence de leur maître.

Les Négreſſes étoient traitées comme de vils animaux qu'on frappe par habitude : la visite du marchand étoit toujours scellée par le sang qui couloit des coups dont il les accabloit. Un spectacle si révoltant me faisoit désirer avec plus d'ardeur mon débarquement, & je vis avec la plus grande satisfaction les matelots jetter l'ancre dans le port.

Je ne vous parle pas des terres que j'ai vues de loin durant le cours de notre navigation ; c'étoient *Sour*, *Saint Jean-d'Acre* & *Jaffa* ; je vous en dirai les particularités lorsque je les aurai parcourues.

Je suis, &c.

LETTRE LXV.

De Sidon, le 7 Septembre 1777.

M.

SI les triftes débris font les fidelles marques de la ruine des villes, l'altération que leurs noms ont éprouvée en eft une auffi forte preuve : il regne même une telle liaifon entre ces deux fignes, que jamais les conquérans n'ont effayé de changer les noms des villes dont ils fe rendoient maîtres, que lorfqu'ils ont vu qu'il étoit inutile de les faire furvivre à l'anéantiffement qu'elles avoient fubi, & de les conferver à des monceaux délâbrés.

Tel a été le fort de l'ancienne ville de Sidon, qui s'appelle aujourd'hui Seyde. Ses habitans prononçoient fon nom avec orgueil lorfque fa population, fes beaux édifices, fon port couvert de bâtimens, lui donnoient le titre de la capitale de la Phénicie; ses pavillons dominoient les mers avant ceux des Tyriens, mais son luftre ne dura pas autant qu'on avoit lieu de l'efpérer; les divers Souverains de l'Affyrie lui donnerent le coup le plus fatal: on la pilla, on la détruifit. Cependant les veftiges qu'on découvre dans l'enceinte de Sidon, prouvent qu'elle étoit fort confidérable; les colonnes de granit qui décorent tranfverfalement les murs du môle, atteftent le goût des Sidoniens & la folidité de leurs édifices: on remarque près de ce môle un pont à fix grandes arches qui communique à un château bâti dans la mer: fa longueur eft d'environ trente pas, & fa largeur de fix à fept pieds. C'eft dans cette ville célebre que quarante mille Sidoniens, défefpérés de fe voir abandonnés par leurs Souverains, & vendus au Roi d'Affyrie qui les tenoit affiégés, donnerent un exemple unique d'héroïfme & de fermeté: ils aimerent mieux fe brûler eux-mêmes, que de rendre leur vie tributaire d'un ennemi qui les avoit réduits à la plus cruelle extrêmité. Cette ville s'honore du prodige d'humanité qu'opéra dans son sein notre divin Rédempteur; on y reconnoît le lieu qu'habitoit la femme Cananéenne, & dans ses environs & sur le haut d'une colline, le hameau de *Sarepta*, d'où la femme veuve qui portoit des alimens au prophete Elie, étoit originaire.

La forme actuelle de Seyde est triangulaire, & sa population est de trois ou quatre mille habitans. Son climat est très-fertile, sa position est commerçante & facilite l'exportation de différentes denrées venant de la Syrie & des autres lieux éloignés.

Le Pacha ou le Dgezar fait sa résidence en cette ville; il est souvent en guerre avec les Mutualis & les Druses qui habitent les pays montagneux qui l'environnent. J'ai vu sur les bords de la mer un grand monceau de crânes, triste monument de ces guerres qui prouvent l'acharnement des deux partis : mais ces cruels effets étonnent moins lorsqu'on songe à la sanglante scene que le Dgezar vient de donner aux Sidoniens dans son palais.

Un Turc étant entré dans le jardin d'un particulier, prit des fruits, sans que le jardinier qui étoit préfent s'y oppofât; mais loin de refpecter les beaux arbres où il les avoit cueillis, il s'amufoit à en couper les branches à coups de fabre. Le jardinier offenfé lui fit les reproches que cette ingratitude lui infpiroit; cet homme piqué de la remontrance lui coupa le bras d'un coup de cimetere, & s'évada. Le jardinier fe préfenta devant le Pacha, qui donna ordre aux Janiffaires de lui amener le coupable : il lui demanda la raifon qui l'avoit porté à maltraiter auffi cruellement un homme qui lui avoit donné fes fruits avec tant de générofité. Cette queftion étant fans réponfe, le Pacha ordonna qu'on l'étendît le vifage contre terre, & prenant une pique à manche d'argent, qui eft la marque diftinctive des Dgezars, & qu'ils portent à la ceinture, il déchiqueta le corps par morceaux, & ordonna de les faire brûler au milieu de la place. Le forfait du coupable pouvoit feul juftifier un fupplice auffi révoltant. Ce Dgezar pilla, il y a un mois, le couvent de Saint-Salvador, éloigné de trois lieues de cette ville: & après avoir emporté le trésor qui étoit renfermé dans l'Eglise des Moines grecs, il les a fait tous décapiter : à demi-lieue de-là un couvent de Religieuses grecques a éprouvé le même sort. Les vases précieux, les bijoux & toute leurs richesses ont été la proie de ce brigand, qui a fait massacrer par ses gens les pauvres Cénobites dépositaires des dons pieux des fideles Chrétiens : le Chef de la nation Dreuse irrité de cette action commise dans sa jurisdiction, est sur le point de déclarer la guerre à ce scélérat.

Les divers malheurs que Sidon a éprouvés en différens temps, en eussent fait un lieu isolé, si la fécondité du terrein qui environne ses ruines, n'y eût attiré les étrangers, & si elle ne se fût élevée au-dessus des contretemps, comme une boussolle aimantée, qui, en indiquant la variété des poles attire à elle les objets éloignés auxquels elle veut s'unir.

Je suis, &c.

LETTRE LXVI.

A la troisieme ceinture du Mont-Liban, le 9 Septembre 1777.

M.

Parvenu à la troisieme ceinture du Liban, j'entrai dans une charmante grotte habitée par un Religieux Allemand ; près delà étoit une chapelle taillée dans le roc, dédiée à la Vierge ; ce Prêtre la servoit, & y remplissoit les fonctions de son ministere : sa dévotion l'avoit attaché à ce lieu depuis dix-huit ans ; il me conduisit dans une seconde grotte, où je fis un souper composé des mets qu'il m'offrit & de ceux que j'avois apportés ; un large rocher couvert de nattes fût le lit où je passai la nuit. Le témoin le plus voisin de mon habitation étoit une claire fontaine, qui descendant à grands flots d'un rocher sur un autre, alloit se perdre dans de riantes prairies situées dans les bas-fonds. Le murmure de ses eaux qu'un chute précipitée rendoit plus blanches que le lait, avoit endormi les habitans des forêts ; les oiseaux reposoient tranquillement sous les épais feuillages, je n'entendois souffler que des zéphirs légers, dont la douce haleine venoit faire diversion à mon repos sans en interrompre le cours ; le sommeil qui vint s'emparer de moi fut profond, & à mon réveil je me livrai au plaisir de m'entretenir avec vous.

Etant parti de Sidon le 7, les premiers objets qui se sont offerts à ma vue, ont été six châteaux, rangés de distance en distance sur la plage ; on les croit bâtis par les anciens Chevaliers croisés. Ces forteresses qui maintenant ne seroient bonnes qu'à élever des fanaux pour diriger les vaisseaux pendant la nuit, servoient de retranchement aux troupes destinées à empêcher le débarquement des ennemis, qui auroient tenté d'attaquer le camp des Chrétiens formé dans les montagnes, ou dans les plaines voisines.

Arrivé

Arrivé au port de Tripoli, j'ai débarqué au lieu qui avoit servi de camp aux troupes réglées : on y remarque un édifice qui a la forme d'un réctangle, bâti en pierres de taille & festonné dans ses parties latérales les plus élevées ; les négocians étrangers y ont leur habitation particuliere.

Mais cette ville n'est ni aussi considérable ni aussi peuplée que celle du même nom où réside la Nation Françoise & son Consul ; on va à celle-ci en trois quarts-d'heure par une belle plaine. La premiere maison qu'on trouve en y entrant, est celle du Consul François : les rues de cette seconde ville sont larges & bien pavées, ses maisons en pierres de taille ont chacune une fontaine : il y en a même qui en ont jusqu'à trois. Ces fontaines distribuées dans la ville, outre l'avantage qu'en retire chaque citoyen pour la commodité de son intérieur, en offrent un second plus général & plus précieux dans la fraîcheur qu'elles répandent, & dont l'action n'est jamais plus forte ni plus agréable que dans le temps où les exhalaisons brûlantes de la terre viennent incommoder ses habitans.

Les étrangers, dont les Catholiques forment le plus grand nombre, jouissent à Tripoli d'une liberté qui leur rend le séjour plus agréable. On voit sur une hauteur qui domine cette ville un vieux château habité par l'Aga des Janissaires; sa forme est gothique; aussi le dit-on construit vers le douzieme siecle par les Comtes de Tripoli & les Croisés.

Je suis parti de cette jolie ville le 9 à sept heures du matin. Arrivé au-dessus de la côte, je suis entré dans la plaine de *Caphtin* ou *Coura*, qui termine son étendue aux pieds du Liban; celle que j'ai laissée à ma gauche s'appelle *Zubbé*, & se prolonge jusqu'à la premiere ceinture de cette montagne. Un fleuve qui en descend, l'arrose dans toute sa longueur, le terrein y paroît plus fertile; les oliviers & les mûriers y croissent en plus grand nombre que dans celle de *Caphtin*. J'ai mis deux heures à traverser celle-ci; puis m'étant engagé dans le chemin montueux du Liban, j'en ai atteint en trois heures la premiere ceinture. Mes chevaux étant fatigués par une marche aussi pénible, je les laissai reposer auprès d'une fontaine, où je déjeûnai avec mon conducteur. Après une heure de repos je continuai ma route, toujours en montant, tantôt à pied, tantôt à cheval. Le chemin paroissoit s'applanir à mesure que j'approchois des côteaux dépendants du village d'Eden : le plaisir de voir quelques maisons éparses çà & là sur ces côteaux couverts de toutes sortes d'arbres fruitiers, me fit bientôt oublier le chemin dangéreux & escarpé que je venois de quitter. J'entrai dans le village d'Eden, où je remarquai la maison du Consul Anglois, & j'approchai de la fontaine qui coule dans un petit réservoir, & va se répandre dans les lieux voisins : je goûtai de son eau limpide, qui me parut fort bonne.

Le nom d'Eden, la fontaine qui coule au milieu du village qui porte ce nom, les fleuves qui sortent de la montagne du Liban, ont fait croire aux naturels du pays que le Paradis terrestre avoit été dans ce lieu, dont les eaux du déluge ont gâté la surface. A la vérité quatre fleuves prennent leur naiffance dans l'étendue de la montagne du Liban, tels que le Jourdain, le Rochau, le Roffena, & le Ladicha, qui ont leurs fources dans quatre différents endroits, qu'on pourroit croire oppofés aux quatre parties du monde. Mais une pareille affertion tombera d'elle-même, fi l'on confidere que le Nil, mis par l'Hiftorien facré au nombre des quatre fleuves qui fortoient du Paradis terreftre, a fa fource éloignée de plus de mille lieues de la montagne du Liban, qui n'a aucune communication avec celle de l'Abyffinie d'où il fort.

Quand on quitte le village d'Eden, on voit à la gauche une montagne couverte de pins; ces arbres font difpofés fur des rochers dont la blancheur tranche avec leur verdure, & offrent une perfpective des plus agréables.

Enfin montant toujours, mais trouvant des terres cultivées couvertes d'arbres fruitiers & de vignes, je fuis arrivé à la troifieme ceinture de cette montagne, dans un hospice que la nature m'a offert par les mains d'un Solitaire Allemand qui en avoit la garde. On compte encore plus de deux heures de marche dans des chemins escarpés, avant d'arriver au lieu où s'élevent les cedres. Mais la nuit commençant à me couvrir de son voile, je vais attendre dans cet asyle taillé dans le roc le lever du soleil, qui éclairera la marche de demain.

Je suis, &c.

LETTRE LXVII.

Sur le haut du Mont-Liban, le 10 Septembre 1777.

M.

Je suis enfin arrivé à huit heures du matin au sommet de ce mont fameux qui domine majestueusement les belles plaines de la Syrie & de la Phénicie, & qui communiquant ses bienfaits à tout ce qui l'environne, laisse couler de son sein des torrens qui les fécondent. La gloire du Liban a été exaltée par Salomon, qui le compare à la Beauté dans son Livre des Cantiques: les cedres qui décorent sa cime ont servi à la construction du plus beau temple de l'univers; sa fertilité, la variété des plantes & des arbres qu'il produit, & sur-tout la beauté des cédres qui couvrent son front, lui ont mérité la premiere place dans les merveilles que la nature a répandues sur la terre. Il m'a fallu deux heures de marche par les chemins les plus escarpés pour arriver au quartier de réserve où cette montagne tient son dépôt chéri ; c'est-là que j'ai vu les cédres, renfermés dans une plaine ovale d'un mille de circonférence, étaler leur beauté avec plus de magnificence à mesure qu'ils se sentoient frappés des rayons du soleil. Les grands, qui protégeoient les petits en les couvrant de leurs branches, se faisoient distinguer par la fierté avec laquelle ils élevoient leurs tiges toujours escortées de branches horizontales. Les plus gros, séparés entr'eux par des espaces considérables, paroissoient s'être ainsi arrangés pour ne pas arrêter les effets de leur crue en évitant de s'entrelacer, ou pour laisser à leurs tendres rejettons un espace dans lequel ils puissent croître & s'étendre à leur tour.

Ces arbres orgueilleux, comme s'ils pouvoient exagérer les soins de la terre leur mere nourrice, élevent leur tête superbe à des hauteurs de 60, 80, à 100 pieds : leurs petites feuilles sont assez ressemblantes à celles des pins des Pyrénées, & prenant le caractere de la tige altiere, se tiennent droites sur les branches, & loin de se placer sur le côté qui regarde la terre, elles se placent sur le côté supérieur, comme pour se donner plus d'essor ou pour diriger leur pointe vers les plus nobles objets.

Leurs fruits, gros comme ceux du Pin, mais plus ronds & plus compacts, se placent horisontalement sur les branches, dont les feuilles rapprochées les enveloppent comme pour les dérober aux regards.

Quelquefois ces arbres faciles à se multiplier, se joignent trois ou quatre dans leur enfance, & forment dans la suite des temps, par la réunion de leur seve, un arbre d'une grosseur prodigieuse; ces liaisons sont même assez marquées par la forme quarrée du tronc dont les angles se prolongent jusqu'à huit pieds au-dessus du sol. Le plus gros de ceux que j'ai vus avoit trente pieds de circonférence, & paroissoit devoir cette grosseur à l'alliance contractée dans sa jeunesse. Six autres entierement isolés & dépourvus de rejettons, étoient plus élevés, & paroissoient fiers de ne devoir leur taille majestueuse qu'aux grands effets de leur séve célibataire. Généralement les cédres ne souffrent dans leur société aucun arbre étranger; ils habitent les lieux froids & élevés, dans lesquels les autres ne peuvent subsister; le terrein même qui environne leur séjour est nu, décharné, privé de verdure, & présente dans les glaces & les neiges, dont il est presque toujours couvert, une barriere que la nature semble avoir posée pour éloigner les arbres qui voudroient s'unir à eux & partager leur gloire.

Au centre de leur séjour est une fontaine dont on n'avoit dit que l'eau froide donnoit la fiévre à ceux qui osoient y plonger les mains. Dans l'instant où j'en fis l'expérience, je ressentis un grand froid, mais le feu dont je m'approchai m'ayant réchauffé, je n'éprouvai d'autre effet que celui d'avoir la peau des mains gersée & endurcie. Cela ne m'empêcha pas d'aller célébrer la Messe sur une autel de pierres que je trouvai dressé sous un des plus grands cédres. Ayant fu à Tripoli que les Prêtres Maronites alloient quelquefois la dire dans ce lieu, j'avois pris la précaution de faire apporter les ornemens néceffaires & la pierre facrée. Le vent froid qui venoit frapper ma tête nue, ne m'empêcha pas de confommer ce facrifice. Je gravai mon nom fur l'écorce épaiffe du cédre, comme une marque de la fatisfaction que j'avois eue d'exercer dans ce lieu élevé la plus fainte fonction de mon miniftere.

J'y reftai encore trois ou quatre heures, que j'employai à parcourir l'étendue de la montagne, & à examiner diverfes plantes étrangeres ; on me dit qu'il y en avoit de médicinales dont les Arabes font beaucoup de cas, & qui ne fe trouvent que dans ce lieu ; mais la rigueur de l'air augmentant confidérablement, je me hâtai de defcendre par la route qui m'y avoit conduit, & de joindre la Grotte de la veille, pour y prendre du repos.

Je fuis, &c.

LETTRE LXVIII.

A la Grotte du Mont-Liban, le 12 Septembre 1777.

M.

Les arbres, ainsi que les différens êtres répandus sur la terre, ont leur Chef & leur Roi; cet ordre sagement établi se manifeste sur-tout dans le cédre, doué de force & d'incorruptibilité: la nature même plus libérale à son égard semble avoir pris toutes les mesures propres à lui conserver sa prééminence, en plaçant son trône dans les lieux les plus élevés. Il y a bien dans l'étendue de la montagne du Liban différens arbres, tels que le chêne à petites feuilles, le hêtre, l'érable, le sycomore & beaucoup d'autres qu'il seroit superflu de nommer, mais ils se placent fort au-dessous en courtisans timides, & ont l'air de respecter les avenues de son palais ; cependant cet empire de gloire qui rend les cèdres presque inaccessibles, laisse un plein exercice à leur bonté naturelle. On voit sortir du tronc & des branches une gomme précieuse, qui a la faculté de guérir les plaies, & que les Egyptiens emploient dans leur embaumemens. L'odeur même qu'ils répandent, quoiqu'elle ne soit ni aussi douce, ni aussi suave que celle des autres arbres, a dans sa force une salubrité qui la fait préférer aux parfums les plus agréables.

Si le Liban a l'avantage de posséder le roi des arbres, il a encore celui de servir d'asyle au Roi des oiseaux : c'est sur le sommet de cette haute montagne que l'aigle, après avoir plané dans les airs, va se reposer ou déchirer la proie qu'il a ravie. Quelques voyageurs ont prétendu que les lions & les tigres y faisoient aussi leur résidence, mais les naturels du pays m'ont assuré le contraire. On n'y voit que des ours & des loups, & la férocité de ces animaux n'empêche pas que les bons pâturages ne soient mis à profit, & que les moutons n'y bondissent en tous temps, sans jamais être enfermés dans des bergeries couvertes.

Le milieu de la montagne en est la partie la plus agréable. Les habitans de ce lieu fortuné ont su tirer parti de sa fertilité & de la variété de ses productions. C'est un singulier spectacle que le mélange des troupeaux de brebis & chèvres; des villages & des grottes, les uns habités par des Bergers, les autres par des Religieux, chacun exerçant avec liberté son emploi. Ceux-ci cultivent les côteaux couverts de vignes, tandis que d'autres s'occupent à ramasser les feuilles des mûriers, les fruits des oliviers, des pommiers, des noyers & des orangers. Ces agréables possessions, défendues par un difficile accès, sont d'autant plus précieuses, qu'elles fournissent à tous les besoins des cultivateurs. Le caractere doux & affable que donne la nécessité du travail, fait trouver beaucoup d'agrément dans leur société : on ne voit dans ce peuple habitant des forêts rien de recherché pour les mets ni pour la parure ; cette simplicité même s'étend jusques sur les mœurs : enfin ce pays est peut-être un de ceux qui ont su le mieux conserver le genre de vie de nos premiers peres.

On appelle Maronites les habitans du Liban ; ce nom leur vient de *Maron*, fameux hérésiarque, dont ils étoient les sectaires ; mais le schisme de cette secte qui ne vouloit point admettre la distinction de deux natures, ayant été aboli, ils se sont réunis, sans changer de nom, à l'Eglise catholique dont ils professent les dogmes. Leur Patriarche qui releve de l'Eglise Romaine, est élu par les Evêques & Archevêques Religieux de l'Ordre de saint Antoine. On croit que le nombre des habitans catholiques du Liban & des montagnes du Castrevent se porte à plus de trente mille ; ils parlent la langue Arabe, mais leur liturgie est en langue Chaldéenne. Les ornemens & les cérémonies qu'ils emploient dans le service divin, sont presque semblables à ceux de l'Eglise Latine ; toute la différence est qu'ils lavent leurs mains après l'Evangile, & qu'ils communient dès qu'ils ont confacré. Ils peuvent devenir Prêtres étant mariés, mais ils n'ont pas le droit de fe marier lorfqu'ils font Prêtres. Le Patriarche & les Evêques font célibataires; ces dignités font données aux Moines à qui il n'eft pas permis de fe marier. Tous portent un turban bleu au-deffus du capuchon. Il y a des Moines qui vivent en communauté, & d'autres qui vivent en hermites dans des grottes. Ils font revêtus d'une tunique & d'un capuchon noir: ils ne mangent jamais de viande, & boivent rarement du vin.

Les Maronites portent un habit long, & font les feuls d'entre les Chrétiens qui ayent le droit de porter le turban blanc dans leur territoire. Mais ils feroient févérement punis, s'ils le portoient ailleurs. Le turban étant une marque diftinctive chez les Mufulmans, le Souverain la divife en trois claffes; la premiere, qui eft la couleur verte, eft affectée à lui feul & à fes parents; la feconde, qui eft la couleur blanche, eft pour les Turcs fes fujets; & la troifieme, qui eft compofée d'autres couleurs; est prise indifféremment par les étrangers, ou par les Francs.

Les Maronites habitent des petits bourgs dont les maisons sont basses; ils sont robustes & bien faits. Il y a parmi eux des nobles & de riches Commerçans, qui affectent un air de pauvreté pour éviter les vexations du Souverain; ils n'ont point l'usage de tables lorsqu'ils mangent, & s'asseyent sur des nattes ou des tapis étendus à terre; leur nappe est un cuir ovale, ou une plaque de cuivre, sur lesquelles ils reposent le pain & les autres alimens. Ils boivent tous dans la même tasse l'un après l'autre, & mangent sans fourchettes; ils portent des chemises de coton & se couchent sur des draps de la même étoffe; leurs femmes sont assez modestes; elles portent un habit long qui les couvre depuis les épaules jusqu'aux pieds; la couleur de l'étoffe est selon leur goût; elle est rouge, violette, ou bleue. Elles portent, comme les Turques, de grands bracelets aux bras & aux jambes, & sur le front un bandeau garni de piéces d'or ou d'argent; elles vont voilées à l'Eglise, & se placent dans la nef près de la porte, & en sortent les premieres lorsque les cérémonies sont finies: les hommes ne quittent point leur place qu'elles ne soient sorties.

Les habitants du Liban payent de forts tributs au Grand-Seigneur; le premier est d'un écu par une mesure de terre; le second va à seize Piastres par tête, (la Piastre vaut 40 sols) tant homme que femme, depuis l'âge de douze ans. L'Emir ou le Gouverneur du pays, leve ce tribut annuellement; si le payement n'est pas fait au moment qu'il l'exige, ce tribut est augmenté: quelquefois, lorsque l'on n'a pas l'argent prêt, on l'emprunte à gros intérêts, & si l'on n'en trouve pas, le Particulier est contraint de vendre son fonds au prix qu'on lui offre. Le Grand-Seigneur se croyant le maître des biens du mort, les héritiers naturels sont forcés de lui payer une somme équivalente à la valeur des biens dont ils héritent. Ces fortes contributions dépeuplent le Liban, ses habitans aiment mieux vivre sans biens hors de leur patrie, que d'y demeurer sous une tyrannie insupportable : le Grand-Seigneur ne perd rien dans ces fréquentes émigrations ; il sait forcer ceux qui restent à lui payer le tribut pour ceux qui ont fui.

L'inoculation est très-usitée dans leur pays, l'innocence des mœurs répond du succès. J'ai vu dans un village situé au pied de la troisieme ceinture du Liban, des jeunes gens qu'on inoculoit dans les basses-cours des maisons ; on avoit commencé par un quartier, & on devoit finir dans les autres ; ils choisissent préférablement le mois de Septembre, comme plus favorable à cette opération, ils n'observent presque pas de régime, & je les voyois exposés à l'air comme s'ils n'avoient point de précautions à prendre contre la maladie.

Le Chef politique qui gouverne ce pays de montagnes, est nommé par le Grand-Seigneur ; celui qui régnoit lorsque j'y ai passé s'appelle le Prince Joseph ; il est doux, ami des Chrétiens, & on le dit rempli de bonnes qualités.

Les Maronites ont dans leur voisinage un peuple qu'on appelle les *Dreuses*, avec lesquels ils vivent de bon accord; ceux-ci se gouvernent par des loix particulieres, & sont religieux observateurs de leur culte. Ils vont à leur temple le jeudi après le coucher du soleil ; ils y restent deux heures en prieres. Ils ont des Prêtres qui les confessent, & des mysteres dans lesquels sont initiés les plus éclairés & les principaux d'entr'eux; tandis qu'ils pratiquent leurs cérémonies, ceux d'une classe inférieure gardent les avenues du temple, & en défendent l'entrée aux étrangers. Le fond de leur religion n'est connu que d'eux seuls; la loi qu'ils se sont imposée de ne jamais en révéler le secret, a donné lieu à diverses opinions. Les uns prétendent que leur croyance ne différe de celle des Chrétiens que dans le culte extérieur, & en ce qu'ils admettent Jesus-Christ vivant & non crucifié ; les autres, qu'ils adorent un veau d'or : c'est ainsi que l'esprit s'égare lorsqu'il est livré à lui-même. Ce qu'il y a de certain, c'est la haine que ce peuple porte aux Mutualis ses voisins. Ces derniers forment une secte différente de celles des Dreuses & même des Turcs. Cette diversité de croyance jointe à d'autres intérêts, les rend ennemis, & cause entr'eux les plus sanglantes guerres: le monceau de têtes que j'ai vu en venant de Sidon, en étoit le malheureux fruit. Ainsi ces barbares habitans des montagnes se massacrent en présence des bêtes féroces, qui leur donnent l'exemple de la concorde fraternelle.

La montagne du Liban a environ dix lieues d'étendue du Nord au Sud, & trois lieues environ de l'Est à l'Ouest: elle renferme plusieurs singularités dont je ne me propose point de vous donner le détail: on voit au-dessus du monastere de Connoubi une espece de pierre qui brûle comme des allumettes, & qui sert aux habitans pour cet usage. Cette montagne se divise naturellement en plusieurs zônes ou ceintures horizontales: la premiere & la derniere sont les moins cultivées, l'une à cause de la rigueur du climat, & l'autre à cause du grand nombre de rochers qui occupent une partie de son étendue. Le veau de lait

& le chevreau font les alimens les plus eftimés des habitants. Les moutons du pays font de deux efpeces, l'une à large queue, comme ceux de Barbarie, l'autre à queue longue jufqu'à terre, & large de trois doigts. On y voit beaucoup de perdris & de grives, dont le manger eft délicieux en automne.

Je fuis, &c.

LETTRE LXIX.

A Tripoli en Syrie, le 12 Septembre 1777.

M.

J'ARRIVE à peine à Tripoli, qu'on m'annonce le départ d'un bâtiment qui va faire voile vers Soura : le désir que j'ai de voir cette ancienne ville, me fait saisir avec empressement cette occasion. En attendant que l'équipage du vaisseau soit arrangé, je veux vous raconter un événement arrivé il y a trois mois à Bicorque dans le Castravent, pays voisin de celui où je suis, & contigu au Liban.

Une femme appellée *Indié* eut la permission il y a trente ans de construire une petite maison sous le nom du Sacré-Cœur de Jesus; elle y donnoit des préceptes d'éducation aux jeunes personnes de son sexe. Sa ré-

DE LA PALESTINE. 95

putation lui ayant attiré un grand nombre d'Eleves, elle conçut le projet de faire conftruire une grande maifon pour les loger plus commodément : la richeffe des dons que firent plufieurs perfonnes bien intentionnées, contribua à accélerer la conftruction de ce nouvel édifice. Il ne fut pas plutôt achevé, que quarante Profélites, féduites par les apparences de fa piété, vinrent fe fixer dans ce couvent pour y mener avec elle une vie retirée fous le nom de Religieufes du Sacré-Cœur de Jefus. La ferveur étant toujours plus active dans fes premiers momens, on voyoit les pratiques de religion s'allier avec les exercices méchaniques, & cet accord acquérir tant de célébrité, que les parents des jeunes demoifelles fe faifoient une gloire de les placer dans cette maifon. Mais la Fondatrice énorgueillie du fuccès de fon établiffement, entreprit de fonder fur la confidération qu'il méritoit une autorité fans bornes. Elle vouloit être adorée comme fainte, prétendant avoir fouvent des conférences avec Jefus-Chrift, & être unie hypoftatiquement avec lui. Cette foibleſſe d'imagination croiſſant avec le déſir de dominer, elle propoſa des dogmes relatifs à ſa croyance, qui conſiſtoient en quatorze articles, dont je réduis la ſubſtance à ces deux : Que l'obeïſſance à elle *Mere Indié* étoit ſuffiſante pour obtenir le ſalut éternel, & que celles qui ne l'adoreroient pas comme épouſe du Fils de Dieu, ſeroient proſcrites & damnées. Sachant qu'une pareille doctrine, pour être crue, devoit être étayée de grandes preuves, elle employoit à la fois les extaſes de l'imagination & les reſſources de l'art ; elle montroit des bleſſures dans ſes mains, ſemblables à des ſtigmates, & qui n'étoient que l'effet des herbes dont elle ſe frottoit en ſecret. Cette ruſe n'en impoſa qu'aux eſprits foibles ; quelques perſonnes découvrirent la ſupercherie, & s'en moquerent : c'eſt ſur ces dernieres que tomba ſon indignation & ſa vengeance.

Deux filles d'un négociant appellé *Badran* en firent une triſte épreuve ; l'aînée, qui ſe nommoit *Maxime*, fut miſe dans un cachot, où elle mourut miſérablement ;

misérablement ; la seconde, qu'on appelloit *Rosé*, auroit sans doute éprouvé le même sort, si le pere instruit de la mort de la premiere ne fût venu la retirer de ce lieu ténébreux. On fut saisi d'horreur à l'aspect des blessures dont le corps de cette innocente victime étoit affligé. La Mere Indié alléguoit, pour justifier son cruel procédé, que ces deux filles étoient de mauvais sujets, & que leurs malversations en divers genres l'avoient forcée d'user de cette rigueur ; l'imputation étoit fausse & calomnieuse, & on reconnut que l'effet de ce mauvais traitement avoit sa véritable cause dans la haine de cette Supérieure contre des filles qui lui refusoient des adorations.

Cependant la Cour de Rome instruite de la perversité de cette doctrine, avoit envoyé deux Commissaires pour s'informer de la vérité ; mais les faits ne pouvant être constatés que par des informations prises dans les lieux mêmes, il falloit que l'enquête fût faite dans le couvent, & qu'elle fût éclairée de la déposition des Religieuses qui y étoient enfermées. La Mere Indié connoissant le danger des perquisitions refusa l'entrée, & couvrit ce refus par des prétextes spécieux dont l'austérité fait ordinairement se parer. Néanmoins le Prince Joseph, moins délicat sur le choix des moyens, & très-instruit du désordre qui régnoit dans cette maison, en fit enfoncer les portes, & chassa les vingt-neuf Religieuses qu'il y trouva; dix-sept furent conduites à *Alep* leur patrie, & les autres aux lieux de leur naissance. La Supérieure & quatre de ses compagnes qui étoient dans le secret, s'étoient réfugiées dans un pays voisin qui est sous la domination du Prince Ismaël Soliman; mais le Prince Joseph soupçonnant le Patriarche d'avoir favorisé leur fuite, vient de donner un diplôme qui enjoint à tous les Evêques & Supérieurs de Monasteres de ne plus lui payer les dixmes, & de ne plus reconnoître sa primatie; il lui a défendu de s'immiscer dans ce qui concerne sa jurisdiction Patriarchale sur la Nation Maronite jusqu'à ce que la Cour de Rome l'ait rétabli dans cette fonction. Ce coup d'autorité que le Prince n'avoit pas le droit d'exercer, produisit son effet, & affoiblit le respect dû à la dignité du Patriarche. Il envoya ensuite des troupes dans les terres du Prince Ismaël avec ordre de ramener la Mere *Indié* & ses adhérentes; il avoit formé le projet de les envoyer à Rome dans le premier bâtiment qui feroit voile vers les côtes d'Italie, pour y subir le jugement qu'avoit mérité leur conduite. Le capitaine qui devoit les recevoir dans son bord, & les faire relâcher à quelque port de l'Italie, m'offrit une place dans son bâtiment: je préferai un vaisseau qui devoit en peu de jours mettre à la voile vers Livourne.

Mais n'est-il pas étonnant que la même erreur qui avoit paru dans le siecle dernier & dans un des précédents, ait osé se montrer dans celui-ci qui passe pour le plus éclairé? tant il est vrai que les écarts de la raison sont de tous les lieux & de tous les temps, & qu'il n'en faut chercher la cause que dans l'égoïsme de la liberté.

Je suis, &c.

LETTRE LXX.

M.

A Soura, le 16 Septembre 1777.

JE pourrois me dispenser de vous écrire, n'ayant encore rien d'intéressant à vous communiquer ; mais la complaisance que vous avez d'écouter les plus petits détails, m'engage à occuper vos loisirs, en vous peignant les objets qui se sont offerts à ma vue depuis mon départ de Tripoli.

Le bâtiment Turc sur lequel je me suis embarqué le 13, a mis trois jours pour me conduire à Soura ; ce retard a été causé par la contrariété des vents. Tout le trajet que nous avons pu faire dans la premiere journée, a été d'aller à la rade, qui fait face à une tour qu'on appelle *Labouch*, & aux côtes stériles & pierreuses de *Rapouli*. Nous étions le 14 entre les plages des villages de *Dir* & de *Gibel*; le premier est situé sur une élévation; ses côteaux ornés de beaux vergers de mûriers, ses maisons dispersées parmi les arbres fruitiers qui cachent une partie de leur hauteur, attirerent d'abord mes regards. Ses habitans sont chrétiens, & se plaisent dans leur séjour, si l'on en juge par les productions de la belle culture. Le calme qui succede aux vents nous a retenus dans ces parages, & la nuit est venue nous offrir le plus brillant spectacle que j'aie jamais vu. De longs & larges rezeaux de feu paroissoient diviser en différens quartiers les montagnes voisines de notre rade : ces feux, que l'obscurité de la nuit rendoit encore plus sensibles, répandoient une clarté qui coloroit ces sombres forêts ; les petits flots de la mer qui en étoient aussi éclairés, venoient frapper les flancs de notre barque comme pour réveiller notre attention sur la beauté de cette perspective. Plus de quatre mille Chrétiens Maronites armés de brandons allumés marchoient processionnélement sur ces montagnes, tous rangés en file, les uns au milieu, les autres aux extrêmités; ils portoient dans le silence de la nuit ces images de joie en l'honneur de la fête de l'Exaltation de la sainte Croix, qu'ils célébroient ce jour-là : une trop grande distance nous empêchoit d'entendre leurs chants, & les échos n'avoient pas la force de nous les apporter; il n'y avoit que le bel ordre de leur marche éclairée qui faisoit remarquer de loin leur zele pour cette cérémonie.

Cette grande illumination ayant duré deux ou trois heures fit place aux plus épaisses ténébres dont la terre ait jamis été couverte; mais notre imagination vivement frappée nous la retraça jusqu'à la pointe du jour qui vint nous offrir Baruth. Cette ville, dont la position est jolie, a un port en fer-à-cheval; elle est entourée de mûriers, d'oliviers, & même de dattiers : quatre châteaux rangés dans la plaine qui l'environne, & qu'on dit avoir été bâtis par

DE LA PALESTINE. 105
les Croisés, sont plutôt de vieux signes
de l'attachement qu'on avoit pour ce
lieu agréable, que la sauve-garde du
pays.

Je suis, &c.

LETTRE LXXI.

A Souva ou à Tyr, le 18 Septembre 1777.

M.

L'ANCIENNE Tyr, que les malheurs des temps ont achevé de détruire, avoit long-temps défendu son exiftence; mais la rigueur d'un fiége pouffé avec opiniâtreté pendant neuf ou dix ans, par Nabuchodonofor, la força de fe rendre à la difcrétion de fon ennemi; elle vit fes immenfes tréfors pillés, fes flottes brûlées, & fes fuperbes édifices râfés & couverts de fels, emblême d'une entiere deftruction.

Cependant la fertilité du climat qui avoifine la mer, y attira dans la fuite des fiecles une grande population. Ces nouveaux habitans, inftruits des malheurs que l'ancien peuple avoit éprouvés, employerent les plus pénibles efforts pour bâtir la nouvelle Tyr, entre la mer & le continent, espérant que cette position la garantiroit mieux des attaques de l'ennemi. Devenue aussi florissante que la premiere, Alexandre crut s'honorer en la soumettant à son obéissance : il en fit le siége avec acharnement ; mais ses fréquentes attaques perdant leur effet dans l'éloignement, il imagina de combler l'espace qui étoit entre la ville & les bords du rivage, afin de l'attaquer de plus près ; c'est à ce grand travail qu'il dut le succès de son entreprise.

Cette ville, capitale de la Phénicie, a été possédée par les Chrétiens, & après eux par les Musulmans ; mais il s'en faut bien qu'elle soit dans l'état où elle étoit alors. Les fossés qui l'entouroient sont comblés ; les murailles ornées de tours & de bastions ne subsistent plus ; elle ne contient maintenant qu'environ mille personnes, logées à la vérité dans de beaux édifices en pierres de tailles. La rapidité avec laquelle ils se sont accru depuis peu de temps, fait espérer une nombreuse population pour l'avenir, s'il est vrai, comme les habitans me l'ont assuré, qu'il n'y avoit il y a dix-huit ans que trois maisons.

L'ancien port de la ville forme un demi-cercle d'environ un mille de circuit; on voit encore de vieux restes de tours qui bordoient le mole à l'entrée du port, laquelle a tout au plus la largeur d'un vaisseau de guerre : la petite quantité d'eau qu'il renferme ne permet qu'aux barques d'y pénétrer; elles ne peuvent même aller qu'à la moitié, l'autre étant comblée par les sables. C'est dans ce port que les habitans, par une ancienne tradition, assurent que cinq ou six vaisseaux Tyriens, chargés d'or & de richesses, furent ensevelis à dessein de les dérober à Alexandre, qui faisoit le siége de la ville.

Le mole qui environne le port a dans ses beaux restes de quoi briser les vagues de la mer. De larges pierres que le plus dur ciment unit, de belles colonnes placées horizontalement dans l'intérieur du mur, & quelques tours élevées à différentes distances, font regretter que ces ouvrages n'aient été conservés en entier.

Il y a dans l'enceinte de la ville plusieurs colonnes de granit cendré. La plupart sont enfoncées dans la terre ou dans les débris des monumens, & ne présentent que leur extrémité ; d'autres sont dressées devant les maisons des Citoyens. J'en ai vu une fort grosse dans un vieux édifice ; elle avoit la forme de trois colonnes réunies, & paroissoit avoir été fort raccourcie ; sa longueur n'étoit plus que d'environ trente pieds & sa circonférence de neuf.

Je suis entré dans un ancien temple qui a environ quatre-vingts pieds de long, & trente de large ; il a probablement servi au dieu Baal qui y étoit adoré, puis aux Chrétiens qui y ont fait leur séjour, & ensuite aux infidéles qui les en ont chassés, & qui en ont fait une Mosquée ; mais les décorations intérieures ne paroissent plus, & on ne peut guère déterminer ce qui étoit sur des murs si délâbrés ; ceux de distribution sont plus qu'à demi-ruinés ; on y remarque trois niches bâties en pierres de taille, elles sont larges, élevées, & d'une architecture simple. La partie orientale de l'enceinte de la ville offre des ouvrages voûtés, bâtis en forme de bastions & de zigzags, avec des ouvertures de distance en distance : c'est dans ces murs épais que sont pratiqués de grands canaux de pierres, taillés avec le cizeau, qui donnoient aux Insulaires la facilité de recevoir des secours secrets, ou de s'évader : il ne m'a pas été possible de voir la premiere porte fermée par les sables que les vents y ont jettés. J'irai voir demain avant mon départ le Puits de Salomon, & je vous instruirai de ce qu'il y a de particulier.

Je suis, &c.

LETTRE LXXII.

Sur la route de Tyr à Saint-Jean d'Acre, le 29 Septembre 1777.

M.

J'AI été voir ce matin le fameux puits de Salomon, à une lieue de la ville de Tyr, & à cent pas environ des bords de la mer. On affure que fa profondeur a vingt fois la hauteur d'un homme ; j'ai vu fortir fes eaux par fon ouverture, qui a quatre pieds en quarré, mais bien différentes des eaux dormantes des autres puits ; elles s'élèvent d'elles-mêmes, forment des bulles à leur furface, & fe fervant de leurs feules forces pour franchir la barriere, elles fe répandent dans un réfervoir qui les environne, & qui a trente pieds de circonférence. Celui-ci qui eſt toujours plein, se décharge à son tour dans un canal incliné, qui les conduit à deux moulins à bled, qu'elles font jouer avec la plus grande vîtesse. La clarté des eaux de ce puits laisse voir des échelons placés pour faciliter la descente, mais la force de leur action a toujours rejetté ceux qui ont osé s'y plonger. Quoique voisines de celle de la mer, elles n'en ont ni la couleur, ni l'âcreté ; elles sont douces, limpides, excellentes à boire : les anciens Tyriens qui en connoissoient la propriété, avoient fait construire des aqueducs superbes qui les conduisoient à la ville : on les voit encore revêtus de pierres de taille dans l'espace d'un mille.

A peu de distance de ce puits on en voit un autre plus petit, & qui n'est séparé du premier que par un réservoir bâti en pierres de taille : ils ne différent entr'eux que par la grandeur de l'ouverture, le volume d'eau & la largeur des réservoirs ; ses eaux ont la même force, & bouillonnent de même à la surface. Près delà & du côté des moulins, on apperçoit sur des rochers plusieurs sycomores pétrifiés.

Le nom de *puits de Salomon* que porte le plus considérable des deux, a fait croire que ce Roi l'avoit fait construire ; mais on pourroit penser aussi que ce nom lui vient de la propriété de ses eaux, que Salomon paroît avoir désignée dans le Livre des Cantiques, par ces termes : *Puteus aquarum viventium quæ fluunt cum impetu de Libano.* Cette interprétation qui est sujette à quelque difficulté, en considérant que le Liban est éloigné du puits de plus de six lieues, est cependant plus vraisemblable que l'autre, si l'on observe que les montagnes du Castravant qui s'unissent au Liban, & dont elles sont la base, ne sont distantes du puits que de six à huit milles, & que cette petite distance n'empêche pas que les eaux qui découlent de leur sein, puissent venir par des canaux secrets se répandre dans le lieu où le puits a été bâti pour les recueillir.

Cette interprétation acquiert plus de force, si l'on s'en rapporte à l'ancienne opinion, qui attribue au Liban une étendue de vingt lieues. Cette étendue qui ne lui a été donnée que parce qu'on y a nécessairement compris les montagnes qui l'avoisinent, & dont il n'est maintenant distingué que par des nouvelles dénominations inconnues alors, prouve en faveur de la derniere opinion. Comme on ne peut chercher le puits des eaux vives qui coulent du Liban avec impétuosité qu'aux environs de cette montagne, & qu'on ne trouve que celui-là qui ne soit pas fort éloigné de celles du Castravent, anciennement comprises dans le Liban, il est naturel de penser que ce puits est celui que Salomon a désigné, & que le nom qu'il porte aujourd'hui lui vient de la description que ce grand Roi en a donnée. Au surplus, son antiquité a d'assez beaux restes pour pouvoir se passer des opinions.

Je suis, &c.

LETTRE LXXIII.

A Saint-Jean d'Acre, le 20 Septemb.
1777.

M.

LE Mont-Carmel que j'ai vu en venant ici, présente dans la partie qui domine la mer, des allées d'arbres qui le divisent en différens plans, dont l'ensemble forme un amphithéâtre; ses rochers ombragés par les oliviers & les cyprès verdoyants, semblent s'unir pour maintenir la majesté de ce lieu, anciennement honoré par d'illustres Personnages & par le Prophete Elie qui en fit sa demeure. C'est sur cette montagne qu'il prouva d'une maniere éclatante la protection dont Dieu l'honoroit, en faisant périr par le feu du Ciel ceux qui étoient venu troubler son repos dans cette solitude. Les premiers Chrétiens convaincus de la vérité de ce prodige, & voulant confacrer ce féjour à la vénération, s'empreſſerent d'y bâtir une Egliſe dont on ne voit preſque plus de veſtige : cependant on découvre aſſez près delà un grand édifice qui a long-temps fervi d'hoſpice aux Chrétiens, & que les Peres de la Terre Sainte habitoient il y a douze ans, temps auquel ils en furent chaſſés par Aboudab, chef des Mamelus, qui avoit conjuré la perte des faints lieux de la Paleſtine. Aucun Chrétien depuis cet événement n'a ofé s'y retirer.

Le vent qui m'en a éloigné m'a conduit à Saint-Jean d'Acre ; cette ville, qu'on a long-temps appellée Ptolemaïs, du nom de Ptolomée ſon fondateur, eſt plus illuſtre par les guerres qu'elle a vu naître dans ſon ſein, que par les monumens qu'elle renferme. Les François & les Génois s'en rendirent maîtres en 1104. Elle reſta ſous leur domination juſques en 1188, époque où elle fut priſe par les troupes de *Saladin* ſur *Luſignan* qui en étoit Roi ; trois ans après elle fut repriſe par les Chrétiens, qui avoient pour chef Philippe-Auguste Roi de France. Saint Louis en étoit encore le maître en 1250, mais en 1263, un Soudan d'Egypte profitant de la mésintelligence des Chrétiens, s'en empara, & depuis elle est au pouvoir des Mahométans.

A l'entrée du port est un édifice bâti sur le roc, & baigné par les flots de la mer, qui sert pour la douane ; près delà est une mosquée, & dans ses environs on voit plusieurs colonnes de marbre renversées & en partie couvertes de sable. Plus loin est l'hôtel des Négocians Maronites, François & Italiens : cet édifice composé de deux grands étages est séparé à son centre par une cour. L'Eglise de saint André, qui pouvoit avoir soixante-dix pieds de long & quarante de large, n'offre plus dans sa partie extérieure qu'une porte élevée, bâtie en plateforme, & quelques arcsboutans ruinés ; dans l'intérieur ou remarque deux grands piliers qui soutenoient les ailes du Chœur ; les souterrains de cette Eglise sont bâtis en voûte, & n'ont rien de particulier. Le long de la mer on découvre les ruines de l'ancien Arſenal, & du logement des Chevaliers croiſés.

Au milieu de la ville eſt un édifice dont toutes les parties ne ſont pas également ruinées ; les pierres dont il eſt bâti ſont taillées en quarré : on monte juſqu'au ſommet de cet édifice par un large eſcalier de pierres de cinquante marches bien conſervé. Un autre grand eſcalier conduit à la partie ſouterraine, compoſée de grandes ſalles bien bâties, mais remplies de ronces & de débris. Ce palais a été habité par Demetrius Roi de Syrie, & après lui par le Chef des Templiers.

Cette ville a ſes bazards & ſes places, dans une deſquelles on diſtingue les anciens murs de l'Egliſe ſaint Jean, que les Chevaliers de ce nom avoient fait bâtir. Son enceinte prouve qu'elle étoit bien fortifiée.

Son port eſt très-bon & ſon commerce aſſez étendu ; la nation Françoiſe qui y eſt établie ne contribue pas peu à entretenir cette activité. Elle joint à ſes avantages celui d'avoir une petite riviere, appellée *Pagida* ou *Belus*, qui charrie du sable très-propre à faire du verre. On m'a dit avoir vu plusieurs vaisseaux venir se charger de ce sable.

Cette ville a dans son voisinage des endroits dont l'histoire parle avec intérêt. Dans la route qui conduit à Gaza on trouve le bourg de *Tammara*, où Samson déchira avec ses mains la gueule d'un Lion, dans la tête duquel il trouva du miel. Du côté de la mer, & à deux heures de chemin, s'eleve la fameuse montagne de Saron que le Roi David a célébrée dans ses poëmes : elle est toujours très-fertile en pâturages & en fruits délicieux. La ville de Nazareth n'est éloignée de Saint-Jean-d'Acre que d'environ huit lieues. J'espere y passer à mon retour de Jérusalem. Je renvoie à ce temps un plus long détail de ses particularités. Je vais m'embarquer pour Jaffa.

Je suis, &c.

LETTRE LXXIV.

A Joppen ou Jaffa, le 22 Septembre 1777.

M.

Comme la joie ne peut se contenir lorsqu'elle est parvenue à son comble, je ne puis m'empêcher de vous peindre le plaisir que j'ai de me voir arrivé dans cette ville : n'est-il pas naturel d'en faire le sujet de mes premiers entretiens, & de donner un libre cours aux expressions du sentiment ? Ai-je pu voir avec indifférence une ville qui me donne la clef pour entrer dans un pays qu'on a désigné sous les plus beaux emblêmes ; qu'on a nommé Terre sainte, terre de promission, terre abondante en lait & en miel, héritage promis à nos premiers peres, pays de Canaan, patrimoine des Patriarches ; enfin, ce qui la rend encore plus célebre, terre honorée par la préfence de notre divin Rédempteur, & par les prodiges de fa toute-puiffance.

En ce moment je vois arriver de ces contrées fertiles des Arabes, des Turcs, des Arméniens, des Grecs & des Catholiques, chargés de fruits qu'ils viennent d'y cueillir : les chameaux & les dromadaires qui vont se ranger le long de la mer, & dépofer fur fes rivages les denrées qu'ils en rapportent, fixent auffi mon attention, & me font défirer avec plus d'ardeur la vue d'un pays dont les productions font fi riches & fi variées. Mais avant d'y pénétrer, je vais vous entretenir de ce qui eft particulier à la ville de Jaffa.

Cette ancienne ville a été l'objet de diverfes traditions ; c'eft même par leur variété que l'on peut juger de fon antiquité ; car de tous les fignes que les chofes ont laiffés pour marquer leur ancienne exiftence, le moins équivoque & le plus naturel eft la diverſité des dénominations & la multiplicité des événemens conſignés dans le recueil des traditions : il eſt vrai que les faits ſe confondant dans le laps des temps, on a abuſé de cette obſcurité en ſuppoſant des hiſtoires ſans vraiſemblance. On dit que le rocher qu'on voit dans la Darſe, eſt celui où la belle Andromede fut expoſée juſqu'au moment où Perſée vint la délivrer.

Cette ville enveloppée dans le cercle des révolutions, en a été la malheureuſe victime. Tantôt priſe & repriſe, tantôt détruite & reſtaurée, & ſemblable aujourd'hui à une boule de neige qui en paſſant dans pluſieurs mains a perdu inſenſiblement de ſon volume, ou à un vieux arbre ſur lequel chacun s'eſt permis de donner un coup de hache, elle a perdu peu à peu ſa grandeur primitive & ſe trouve fort rétrécie dans ſon enceinte. Judas-Machabée lui donna le coup le plus terrible, il renverſa ſes plus beaux monumens : on peut même rapporter à cette époque la deſtruction du temple de la Déeſſe *Aſtarté,*

DE LA PALESTINE. 121

Aſtarté, qu'on y adoroit. *Démétrius* reprit cette ville, d'où il fut chaſſé par Jonathas, & celui-ci par Sextius, Général des Romains. Dans la ſuite Godefroy de Bouillon l'aſſiégea, & la prit ſur les Mahométans qui la poſſédoient alors : ces derniers la reprirent de nouveau. Saint Louis en fit auſſi la conquête, mais l'an 1262 les Turcs y rentrerent, & depuis ce temps elle eſt ſous leur domination.

C'eſt dans le port de cette ville que Jonas s'embarqua pour aller au lieu de ſa deſtination, & que les cédres du Liban qui devoient ſervir à la conſtruction du Temple de Salomon, furent débarqués. C'eſt auſſi à Jaffa que ſaint Pierre eut la belle viſion de la vocation des Gentils, déſignée par une large nape ſuſpendue du ciel à la terre, ſur laquelle étoient peints toutes ſortes d'animaux. Ce dernier fait, dont la vérité eſt atteſtée par l'Ecrivain ſacré, l'eſt encore par les débris d'une Egliſe que les premiers Chrétiens firent bâtir dans le lieu où cet Apôtre eut la révélation. Les Grecs

Tome II. F

qui possedent cet espace, vont en certain temps de l'année y faire des prieres solemnelles. A un mille de cet endroit est une autre Eglise dans le lieu, où saint Pierre ressuscita la bonne Tabite.

Cette ville maritime a huit tours dans son enceinte, qui la défendent moins que sa position naturelle. Elle est bornée au nord par la mer, & au midi par la terre. Les moles qu'on a avancés dans la mer ont rétreci son port, qui est maintenant très-petit. Les bateaux & les barques n'y entrent qu'en hiver; on en voit peu en été, à cause du calme de la mer, qui n'envoie pas assez d'eau pour couvrir les sables dont il est comblé. On voit encore de vieux murs qui ont environ cinq cents pas, & qui tout délâbrés qu'ils sont, marquent le circuit de l'ancien port. La ville est faite en forme de houpe; sur le haut, & au milieu, est une grande tour habitée par l'Aga des Janissaires. Cette ville a aussi un Gouverneur qui releve du Pacha de Damas. On n'y compte guères plus de mille habitans. On attribue le défaut de population aux malheurs arrivés en 1775, & dont je vous entretiendrai demain.

Je suis, &c.

LETTRE LXXV.

De Jaffa, le 22 Septembre 1777.

M.

JE ne sais lequel des deux, de la crainte ou de la confiance, produit les plus grands effets. Le bel exemple de courage qui fut donné dans cette ville, qu'on assiégeoit il y a deux ans, me paroît si digne d'être conservé, que j'ai cru devoir vous le raconter avant mon départ d'ici.

Aboudab, l'un des Chefs des Mamelus, après avoir causé, par la plus noire trahison, la mort d'Aly-Bey, son beau-frere, vint avec quarante mille hommes assiéger cette ville : il croyoit que les citoyens effrayés d'une si puissante armée l'évacueroient au plutôt, ou lui en livreroient les clefs. Trompé dans ses espérances, il résolut d'en faire le siége selon les règles de la Discipline militaire. Il envoya à différentes reprises de petits détachemens pour essayer d'y entrer, mais la vigoureuse résistance des assiégés, dont le nombre étoit d'environ deux mille, les repoussa avec force, & les obligea de se retirer avec perte. Quarante-cinq jours se passerent dans ces sanglans débats, sans que la victoire se déclarât pour l'un ou pour l'autre parti. Malheureusement pour les assiégés il se formoit dans leur sein un ennemi cruel, que le courage & les armes ne peuvent vaincre : c'étoit la nécessité, qui présentoit son front pâle, & qui commençoit à ralentir la vigueur des bras ; l'espérance de recevoir des vivres & des provisions par la voie de la mer, ranimoit encore ces malheureux ; mais une tempête ayant éloigné le convoi trop attendu, ils étoient près de succomber par le fléau de la famine. Dans ces circonstances, Aboudab, qui ignoroit leur triste état, demanda à capituler. Les voies de conciliation étant convenues, il fut stipulé que la ville donneroit une libre entrée à ses troupes, à condition que les citoyens n'essuieroient aucune insulte, & qu'ils ne seroient assujettis à aucune contribution. Cet accord étant signé du sceau de la confiance & de la bonne-foi, les habitans se faisoient un plaisir de le rendre public, comme un garant de leur tranquillité, lorsqu'une horrible trahison vint troubler cette douce paix. Aboudab restoit dans son camp; mais tel qu'un nuage destructeur qui recelant la foudre en son sein, fait précéder les vents impétueux avant de s'entr'ouvrir, il envoya des soldats dans la ville, qui, sans respecter l'accueil favorable qu'ils reçurent des citoyens, ni les droits les plus sacrés de l'humanité, pillerent & ravagerent ce qu'ils trouverent dans les maisons. S'étant réservé, de frapper le plus grand coup, il fit conduire dans son camp tous les Chrétiens catholiques & schismatiques, & les fit pendre ou décapiter en sa présence. Trois Religieux Espagnols qui gardoient l'Hospice établi dans cette ville, eurent la tête tranchée; il n'y eut de sauvé que quinze Catholiques, qu'une heureuse circonstance favorisa : un Capitaine de Caravelles ayant demandé à Aboudab quinze Chrétiens de bonne volonté pour travailler sur son bord, il les lui accorda, & les fit conduire du lieu du supplice dans son vaisseau. On conserva la vie des femmes, mais ce ne fut que pour varier le cruel spectacle : on les effraya, on les maltraita, on les dépouilla de tout ; enfin elles sortirent en troupe de leur ville infortunée pour chercher quelque abri dans les campagnes ; le plus voisin fut à Rama, éloignée de quatre heures de marche : les Catholiques établis dans ce bourg leur offrirent l'hospitalité, & par leurs soins généreux, les aiderent à supporter l'excès de leurs douleurs.

Aboudab ne trouvant plus dans Jaffa des objets sur qui il pût exercer sa fureur, fut à Saint-Jean d'Acre pour en trouver de nouveaux. Déja il avoit envoyé un corps de troupes à Nazareth, avec ordre de lui amener tous les Chrétiens ; mais la maladie phrénétique dont il fut atteint, arrêta son bras sanguinaire : le délire s'étant emparé de son esprit, & son mal ne pouvant être soulagé par aucun remede, il mourut au bout de cinq jours de souffrances cruelles, & vengea ainsi l'humanité & la nature. Ses soldats, ayant perdu leur chef, prirent la fuite sans le regretter, mais ceux qui étoient restés dans la ville de Nazareth furent massacrés par les Chrétiens.

Je suis, &c.

LETTRE LXXVI.

A Rama, le 23 Septembre 1777.

M.

ON me conseilloit de rester à Jaffa jusqu'à ce que la guerre que des paysans de la Judée ont avec des Arabes, fût terminée; mais sachant que ces divisions se rallument presqu'aussitôt qu'elles sont éteintes, j'ai préféré le danger d'être arrêté par ces troupes vagabondes, au désagrément de l'être par les incertitudes. Je suis parti à deux heures après midi de Jaffa, & j'ai été rendu à Rama à six heures du soir. Le plaisir de pénétrer dans la Palestine sembloit écarter la crainte des mauvaises rencontres. L'habit de Prêtre Arménien dont j'étois couvert, ma barbe, qui avoit acquis depuis trois mois une longueur suffisante, la simplicité de mes équipages, étoient des objets à n'être enviés de personne. Aussi ai-je passé au milieu de ces troupes sans en recevoir d'insulte. J'ai cru, à la vérité, que je serois arrêté dans les lieux où les Arabes avoient dressé leurs tentes; elles étoient rangées autour de la plaine, le centre étoit occupé par les chameaux & leurs nourrissons; dont le nombre alloit à deux cents. Les brebis & les agneaux y avoient leur quartier distinct : ces animaux paisibles, qui ne s'occupoient qu'à paître l'herbe, étoient surveillés par deux Arabes à cheval, qui alloient de côté & d'autre pour empêcher que l'étranger ne vînt les troubler dans leur repas. Un d'eux m'ayant apperçu vint à toute bride, & se rangea à mon côté; j'allois comme un voyageur qui, uniquement occupé de sa route, s'embarrasse peu de ce qui n'est pas relatif à son voyage; il me suivit avec cette même indifférence, mais lorsque nous fumes arrivés près d'un coteau où finit cette plaine, il tourna la bride de son cheval, & se retira en galopant vers une troupe d'Arméniens & de Grecs qui entroient dans la plaine. Je continuai ma route, mais j'ai appris par un Grec, qui étoit de la troupe, que les deux Arabes les avoient rançonnés, & qu'ils avoient sur-tout exigé une forte somme d'une femme Arménienne qui étoit avec eux.

Les plaines que j'ai trouvées dans ma traversée sont charmantes ; les cotonniers qui y croissent sans éclat, se distinguent par des productions utiles, & se font rechercher avec autant d'empressement que les orangers, les grenadiers & les oliviers qu'on voit épars dans leur voisinage. On trouve dans la route, d'heure en heure, trois ou quatre petits monticules, dont la traversée ne dure guère plus de six minutes, tout le reste est en plaine. On apperçoit de loin les débris de la ville d'Accaron, qui appartenoit aux Philistins, & à environ un mille d'elle, une grande tour appellée la *Tour des quarante Martyrs* : c'est un monument élevé par les Catholiques pour conserver le souvenir du martyre fait en cet endroit. Deux lieues avant d'arriver à Rama, on trouve des citernes de distance en distance, auxquelles une plus grande population avoit recours, & dont les habitans actuels se passent sans se gêner.

Je suis, &c.

LETTRE LXXVII.

A Rama, le 24 Septembre 1777.

M.

CETTE ville doit être distinguée de Rama la noble, qui étoit située près de Béthléem, & dont il ne reste qu'une tour & de vieilles masures; c'est dans cette ancienne Rama qu'on entendit les cris des meres désolées qui virent massacrer leurs enfans au berceau par les ordres d'Hérode.

La ville de Rama où je suis, s'appelloit *Arimathie* vers le temps où Joseph, qui en étoit originaire, embauma Jesus-Christ. L'hospice de la Terre-sainte se flatte d'être bâti sur le lieu où étoit la maison de ce vénérable personnage, mais sa plus grande gloire est de servit d'asyle aux Chrétiens passagers qui vont à Jérusalem. Les Récollets, qu'on appelle ici *Peres de Terre-Sainte*, en font les gardiens ; cet édifice est très-vaste, & bâti en pierres de taille : on le prendroit pour une forteresse.

L'ancienne Arimathie, que les habitans avoient abandonnée aux approches des troupes de Saladin, en 1177, devoit être favorablement traitée par des ennemis qui avoient la liberté de la posséder ; cependant un des Chefs de l'armée mit le feu à ses quatre coins, & les flammes consumerent en peu d'heures ses plus beaux monumens. Ceux qu'elle épargna ont été détruits par le temps, & il n'en reste plus que quelques débris. Les portes de Rama sont basses & étroites, ses rues sont remplies de masures & de vieux débris ; elle possédoit anciennement une Eglise dédiée à saint Jean, que les Turcs ont changée en mosquée. Ce qu'elle a de plus entier est une tour élevée, qui a dix-huit pieds en quarré ; deux étages l'un sur l'autre, marqués par des arceaux, soutenus de deux colonnes de marbre blanc : j'ai monté par cent vingt marches au sommet de cet édifice, qui paroît avoir eu un troifieme étage, que les Turcs ont démoli pour mettre à sa place une coupole qui leur sert de mosquée. On voit sur le premier étage de cette tour une pierre qui marque, par des caracteres arabes, l'époque de sa construction au quatrieme siecle; sa structure est en effet gothique. On y remarque plusieurs colonnes enchassées horizontalement dans le mur, & qui lui donnent plus de solidité; ces colonnes placées par intervalles forment de larges bandes ou cordons qui divisent l'édifice. A peu de distance delà est un ancien temple très-vaste, dont il ne reste plus que les deux parties latérales, qui regardent Rama & le pays de Gaza; des portiques ornés de piliers s'y font d'abord remarquer; en avançant dans le centre on voit deux grandes ouvertures qui offrent des marches, par lesquelles on descend dans des souterrains en voûte, décorés de portiques qui se prolongent à la longueur de la moitié du temple. On croiroit que ces souterrains étoient construits pour soutenir le pavé du temple ou son parvis. Les ouvertures qu'on voit au-dessus d'un autre souterrain voisin feroient penser que ce dernier étoit destiné à recevoir les eaux pluviales ; il a la forme des citernes que j'ai vues dans ce pays.

Cette ville a un Gouverneur, un Muphti & un Cadi : le Muphti est l'interprete & le docteur de la loi Musulmane ; c'est lui qui décide les cas de conscience ; il est l'Evêque Turc : ses revenus, consistans en fonds de terre, sont proportionnés à sa dignité ; il a aussi un revenu casuel, provenant des décisions qu'il donne lorsqu'il est consulté. Les deux autres Officiers sont établis pour juger les causes civiles ; leur maniere de procéder rend l'administration de la justice plus prompte que par-tout ailleurs ; les faits & la relation des parties sont la base du jugement, mais on m'a dit que souvent l'argent faisoit quelquefois perdre l'équilibre de la balance.

Un Prince des Arabes est venu aujourd'hui dans la maison de l'Agent de la Nation Françoise, chez qui j'ai dîné. Il étoit escorté de deux Négres,

& avoit pour habillement un benich ou robe noire qui le couvroit, & un turban composé d'un challe blanc & d'un bonnet rouge. Quand il a été assis sur le divan, on lui a offert une pipe & une tasse de café, qu'il a acceptées, suivant l'usage oriental. Après avoir demeuré une heure avec nous dans le plus grand silence, il a dit qu'il faisoit ferrer ses chevaux, mais qu'il n'avoit pas d'argent pour payer le maréchal ; l'Agent François lui ayant mis une poignée de monnoie dans la main, il s'est retiré fort satisfait. Ce Prince perçoit un droit sur les étrangers qui voyagent sur les routes qui conduisent à Jérusalem : c'est à lui que les pélerins payent le caphar ou tribut pour leur passage, de même qu'ils payent ce droit aux chefs des villages où ils passent en revenant de Jérusalem. Aussi le voit-on errer dans les chemins, pour chercher dans le voyageur un moyen de pourvoir à sa subsistance. Quoique ces droits soient réglés, il les augmente souvent suivant les soupçons qu'il a de la fortune des pélerins. Je viens de faire mon prix avec fon affocié pour mon voyage d'ici à Jérufalem ; il s'eft engagé à me conduire pour dix-huit piaftres, qui font trente-fix francs de notre monnoie, & il doit venir me joindre demain à fept heures du matin.

Je fuis, &c.

LETTRE LXXVIII.

A Jérusalem, le 25 Septembre 1777.

M.

Je n'ai dans tout le cours de mon voyage trouvé de journée aussi longue & aussi pénible que celle d'aujourd'hui : elle paroissoit se prolonger à raison du désir que j'avois de la rendre plus courte ; les obstacles, les contre-temps & les dangers s'étoient réunis dans la route pour m'ôter le moyen d'arriver à son terme. Ne prévoyant que la satisfaction d'une prochaine arrivée, je partis de Rama avec la plus grande sécurité; mais étant arrivé par une jolie plaine près des murs de la ville de Lidda, où saint Pierre guérit Ænée le paralytique, je fus bien étonné de me voir délaissé par le chef des Arabes que j'avois payé pour m'escorter; il partit sans mot dire, & dispafut bientôt à mes yeux. Son cheval maigre, tel qu'un cerf portant dans son flanc le fer qui l'a percé, s'élança dans la plaine, qu'il traversa avec une célérité incroyable; le mien vouloit le suivre dans le premier moment, mais il s'arrêta tout-à-coup, comme pour l'engager à rester. Les cris que je pouſſois pour arrêter sa course, sembloient en augmenter la rapidité. Le Négre que ce Prince m'avoit laiſſé pour guide, voulut me raſſurer en disant que son maître viendroit me rejoindre, & qu'il falloit continuer notre voyage; il me conduisit dans des vallées sombres & sur de hautes montagnes; je le suivis quatre heures dans des routes tortueuses. Le chemin étroit & pierreux que nous tenions, étoit celui des chèvres & des moutons que l'on envoie pâturer dans ces lieux escarpés; j'y vis auſſi des gazelles qui étoient fieres de porter sur leur tête un bois auſſi élevé que celui du cerf; leur poil étoit fauve sur le dos & blanc sous le ventre; leurs cornes étoient un peu recourbées en arriere. Ces gazelles avoient la groſſeur & la taille d'un veau de cinq semaines, en cela bien différentes de celles du Sénégal, qui ne sont guère plus grandes que des lapins. Elles paroissoient sans crainte à vingt pas de distance de nous, & restoient immobiles, comme pour nous inviter à habiter leur séjour. Ce maintien tranquille prouvoit sans doute que ces animaux sont moins sauvages dans leur retraite naturelle, que hors de leur gite.

La férocité est réservée aux hommes de ces climats. En passant dans un endroit qu'on appelle *Pethour*, un Arabe vint saisir la bride de mon cheval, & l'arrêta; mon guide lui fit lâcher prise, & je fus au bas de la colline attendre la fin de leur dispute; j'étois depuis un demi-quart d'heure dans cette incertitude, lorsque je vis venir à toutes jambes trois Arabes, qui me crioient à vingt pas de distance de descendre de mon cheval, en me menaçant du bâton. Je pressai mon cheval à toute bride vers eux, & leur donnai plusieurs pieces d'argent. La promptitude du don & la qualité de la monnoie les appaiserent ; mais ils vouloient me faire jurer par ma tête, ou par les crins du cheval, que je ne leur avois rien donné, afin de n'être pas obligés de partager le profit avec leurs camarades qui étoient un peu en arriere. Ceux-ci au nombre de douze étant venus peu de temps après, m'aborderent d'un air menaçant ; mais les trois premiers à qui j'avois donné de l'argent prirent ma défense, & leur fureur se rallentit aussitôt : cependant un d'eux saisit les rênes de mon cheval, & l'on me conduisit ainsi sur une colline escarpée où étoit leur camp, composé de trois cents hommes, avec leurs femmes & leurs enfans. Etant descendu de cheval, je m'assis sur le gazon au milieu d'eux; ils me firent en Italien corrompu plusieurs questions sur mon pays, sur le sujet de mon voyage; ils me demanderent sur-tout si j'avois donné de l'argent aux premiers qui m'avoient arrêté. Je gardai le silence, comptant plus sur l'incertitude où je les laissois que sur la sincérité de ma réponse. Il s'éleva entr'eux une très-vive querelle, je croyois qu'ils alloient se massacrer ; c'étoient des menaces & des cris, des couteaux, des sabres nuds & des bras prêts à frapper, tout étoit en mouvement; le seul qui demeuroit tranquille étoit un vieillard respectable, à demi-couché sur le gazon ; mais les cliquetis de leurs armes réveillant son attention, il se leva, & tel que Mentor combattant les ennemis d'Alceste, ses yeux étincelloient d'une noble fureur. Il tira de sa ceinture une pique à manche d'argent, qui étoit la marque distinctive du Chef, & la tenant levée à la hauteur du bras, comme pour frapper les têtes de ces furieux, il leur parla d'une voix imposante. Son discours accompagné de gestes menaçans, ralentit les mouvemens de leurs bras, & ne leur laissa que la force de remettre leurs armes dans le fourreau. Aussitôt un silence profond succéda aux cris de ces forcénés ; jamais le calme n'a été plus doux après la tempête. Le vieillard après avoir tout appaisé me regarda en souriant, & me fit comprendre que j'étois hors de danger. Je donnai des petits gâteaux aux enfans qui s'étoient glissés dans le cercle,

& j'offris du tabac aux autres; une femme d'un âge avancé fut la seule qui en vint prendre, je ne sais si c'étoit la femme du Chef; ce fut encore à ce dernier signe que je reconnus n'avoir plus rien à craindre de cette troupe. Je remontai à cheval, mais l'Arabe qui tenoit la bride paroissoit avoir de la répugnance à me la donner; cependant ayant cédé aux instances des autres, il témoigna son dépit en donnant un coup de bâton au poitrail de mon cheval, qui se sentant frappé prit le galop & descendit la colline; j'eus seulement le temps de leur dire le compliment ordinaire : *Allakerim, cataralla cherac,* » Que Dieu accroisse » votre bien », & de l'entendre répéter à toute la troupe. Un d'eux me suivit jusqu'à l'endroit où il m'avoit arrêté ; là il me présenta son bâton, que je lui rendis de suite; c'étoit un signe de paix, ou une maniere de se soumettre lui-même au châtiment dont il m'avoit menacé; il vouloit m'accompagner à Jérusalem, je le remerciai en lui disant que j'avois un guide, qu'à la vérité je ne savois où il s'étoit

caché

caché pour m'attendre, mais qu'il me feroit plaisir d'aller le chercher : me l'ayant amené, il lui dit de se retirer à Rama; il étoit déja à quarante pas de nous, mais à ma sollicitation il lui cria de revenir. Lorsqu'il fût près, il lui fit avec la main quelques signes sur la figure, lui toucha le bout de l'oreille, & après lui avoir dit quelques paroles, que je n'entendis pas, il se retira & nous continuâmes la route : il étoit midi lorsque cette aventure m'arriva.

Fatigué par la chaleur du jour, je trouvai à trois quarts de lieue delà une fontaine où je me désalterai : c'étoit la seule qui fournissoit de l'eau à plusieurs villages de la Judée; on venoit en chercher de trois ou quatre lieue. Une sécheresse de neuf mois avoit tari les autres sources; les citernes étoient épuisées, faute de pluie. J'y vis plusieurs Turcs qui étoient venus en faire provision dans des outres. Leur tranquille contenance ne me laissoit pas soupçonner que j'allois être exposé à leur jeu brutal. Lorsque je fus à trente pas d'eux, ils me jetterent des pierres, qui grace au galop rapide de mon cheval ne m'atteignirent pas; ils crioient & hurloient comme après une bête feroce qu'ils avoient à redouter.

Une heure après j'entrai dans la plaine de *Bethonni*, qui est à deux heures de chemin de Jérusalem; j'y fus arrêté par des brigands Turcs ou Arabes; je leur dis en Italien que j'avois laissé mon argent à Rama, & que je venois de donner celui que j'avois pris sur moi aux Arabes qui m'avoient arrêté à *Pethour*. (*a*) Ils me fouillerent, sans m'obliger à descendre de cheval; l'un prit le ruban qui entouroit mon porte-feuille, l'autre ma tabatiere, puis ils me laisserent la liberté de continuer ma route. J'allois assez vîte, me félicitant d'en être quitte à si bon marché, lorsque j'entendis appeller; je crus d'abord que c'étoit une

––––––––––––––––––––––––––––––––

(*a*) Les Européens que je vis à Jaffa m'ayant prévenu que je serois infailliblement arrêté par des Arabes, je laissai, au Procureur Espagnol de Terre-sainte, ma bourse, ma montre & mon porte-manteau, qu'il me remit à mon retour: c'est une bonne précaution que je conseille à ceux qui iront à Jérusalem. Ce Procureur me donna des lettres de crédit pour les sommes que je lui avois laissées.

récidive, mais c'étoit mon guide que j'avois laissé en arriere, & qui me crioit de l'attendre ; il me montroit de loin le ruban & la boîte que les Arabes venoient de lui remettre pour moi ; ils n'avoient gardé que le tabac. Cette singuliere aventure me surprit d'autant plus agréablement, que les filoux ne connoissent guères de pareils procédés. Cette restitution dont je goûtois la jouissance me parut présager une plus douce satisfaction ; elle m'étoit réservée ★ approches de Jérusalem. La vue de cette ville, que l'on n'apperçoit qu'à un quart de lieue de distance, me fit une telle impression, qu'aux divers sentimens que j'avois éprouvés succéderent aussitôt mille réflexions agréables qui vinrent s'emparer de mon ame. Je descendis de cheval, & je m'empressai de marcher sur une terre que notre divin Rédempteur a parcourue. J'entrai à six heures du soir dans cette sainte Cité par la porte de Bethléhem, & je fus à l'Hospice de Terre-sainte, où après avoir salué les Religieux Catholiques qui l'habitent, je profitai de l'asyle qu'on m'y donna pour goûter les douceurs du repos. Je suis, &c.

LETTRE LXXIX.

A Bethléhem.

M.

Pour mettre un ordre suivi dans la description des saints lieux de la Palestine, j'ai cru devoir commencer par ceux où les Mysteres ont pris naissance, avant de vous parler de celui où ils ont reçu leur plénitude. Cet ordre s'accorde avec le désir qu'on a de remonter à la source des choses, & même avec le penchant naturel des voyageurs qui désirent d'aller à Bethléhem, dès qu'ils sont arrivés dans la Palestine. Ce sentiment m'a déterminé à y aller le surlendemain de mon arrivée. Je partis à trois heures après midi, & j'arrivai à cinq. Je passai en sortant de Jérusalem près d'un réservoir de deux cents pas de long & cent de large ; ses murs sont en pierres de taille, & sont bien conservés. Ce grand réservoir appellé la Piscine supérieure, est situé dans le voisinage du champ du Foulon & du mont Sion. L'eau dont il étoit rempli venoit de la fontaine scellée, ou *Fons signatus*, éloignée de deux lieues, & y étoit conduite par des canaux dont on voit encore des restes. A une extrêmité de ce réservoir sont de larges bouches, destinées à verser ses eaux dans des auges de pierre, qui offroient aux hommes & aux animaux la commodité de s'en abreuver. Plus loin & sur la même ligne on voit le champ *Haceldama*, dans lequel les Grecs & les Arméniens enseveliffent les Pélerins de leur nation : on assure que sa terre rougeâtre a la vertu de corroder en vingt-quatre heures les cadavres qu'on y dépose. A une demi-lieue plus loin, & lorsqu'on a monté une colline, on traverse une plaine de deux milles d'étendue, dans laquelle on voit quatre ou cinq tours, dont la structure annonce qu'elles sont l'ouvrage des Chevaliers-croisés, ou des Chevaliers du saint Sépulcre. Les Turcs les ont couronnées de dômes pour en faire des Mosquées. A la droite, & sur une élévation qui domine cette plaine, paroissent les anciens murs de la maison de Siméon, qui prit l'Enfant Jesus sur ses bras, lorsqu'il lui fut présenté au Temple quarante jours après sa naissance. Environ huit cents pas plus loin, & à cinquante de la route, on remarque un monceau de pierres que les Chrétiens ont élevé pour marquer le lieu où étoit le fameux Térébinthe sous lequel la sainte Vierge se reposoit en allant de Bethléhem à Jérusalem. Ce précieux arbre fut coupé il y a environ un siecle: les voyageurs qui l'ont vu, rapportent que la foi des Pélerins étoit si grande, qu'ils se retiroient chargés de ses branches, & que cet arbre fertile devenoit plus touffu à mesure qu'on l'élaguoit. Au bout de la même plaine on trouve une citerne entourée d'un large mur en pierres de taille, qu'on assure être le lieu où les Mages virent l'étoile qui les conduisit à Bethléhem; on nomme encore ce lieu *la Citerne des Mages*. Assez près delà est un Couvent appellé saint Elia; il est habité par des Moines Grecs. Les paſſants altérés heurtent à la porte pour demander de l'eau de l'abondante citerne qui eſt dans leur maiſon, & ils en donnent par le moyen d'une corde à laquelle on attache la bouteille. Ce monaſtere reſſemble à une forbereſſe; il eſt entouré d'un mur épais & élevé, qui les garantit des incurſions des brigands.

A quelque diſtance delà on voit une cavité de rocher, dans laquelle Iſaïe ſe repoſoit toutes les fois qu'il paſſoit. A la droite en continuant la route on découvre ſur une petite colline les ruines d'une édifice qu'on dit avoir été long-temps habité par le Prophete Habacuc: plus bas on apperçoit les débris de la tour, du haut de laquelle Jacob veilloit à la garde de ſes troupeaux. Aſſez près de cet endroit, & à un demi-mille de Bethléhem, on voit le fameux tombeau de Ràchel, épouſe de ce Patriarche; il eſt bâti en forme de dôme, & a plus de dix pieds d'élévation: les Juifs pleins de vénération pour ce lieu, viennent le viſiter en pélerinage. Les habitans de Bethléhem ne leur en accordent la liberté que moyennant un tribut ; ils font à leur égard ce que les Arabes & les Turcs font aux Chrétiens ; cependant lorsque je passai près de ce tombeau, je fus témoin de la répugnance de deux Pélerins Juifs à payer ce tribut, mais ils cederent à la force. On traverse ensuite la plaine d'Ephrata, appellée par David le champ de la Forêt ; elle est couverte d'oliviers, & conduit à la citerne de Bethléhem, dont les eaux furent si désirées par David. Enfin on arrive à Bethléhem, où est un Hospice de Terre-sainte, habité par les Récollets Espagnols, qui m'ont fait le plus gracieux accueil.

Je suis, &c.

LETTRE LXXX.

A Bethléhem.

M.

Bethléhem qui étoit anciennement une des plus petites villes de la Judée, n'a reçu aucun accroissement dans la longue suite des siecles qui se sont écoulés depuis son origine ; elle est toujours petite, & paroît même avoir perdu de son étendue, si l'on considere les espaces vuides qui regnent entre les édifices actuels & les anciens monumens qui formoient son enceinte. On n'y compte guère plus de huit cents Catholiques Grecs, Arméniens & Maronites, & sept ou huit familles Turques. C'est le seul lieu de la Palestine où les Chrétiens jouissent d'une douce liberté. C'est à la supériorité de leur nombre qu'ils doivent cet avantage, & celui d'exercer sans gêne les pratiques de leur religion. Ils font moins exposés que les autres aux risques d'être troublés par les Sectes. Assez éloignés du centre d'un gouvernement tyrannique, on n'y entend parler ni d'*avanie*, (terme usité dans le pays,) ni de vexations. Ces Chrétiens unis par les liens du sang & de l'intérêt, forment un corps presqu'invincible ; ils ont eu de cruelles guerres à soutenir contre les paysans des villages voisins, mais ils ont toujours eu l'avantage, quoique leurs ennemis fussent en plus grand nombre. On m'a dit que dans une famille composée de cent individus de la complexion la plus robuste, il régnoit tant d'union & de force, qu'eux seuls avoient repoussé avec avantage quatre cents hommes qui étoient venus les attaquer. On les compare aux anciens Machabées, qui firent tant de prodiges de valeur & de courage.

Cette ville est située sur une colline ; ses maisons sont rangées sur le sommet, & sur le penchant. A une lieue delà est le pays d'Engaddi, voisin de Bethulie & de Thécué ; & au côté opposé celui de Sorech, lieu fameux par les gros raisins que portoient ses vignes, & qui lui avoient mérité le nom de *vinea electa*, de vignes choisies, que lui a donné l'Ecrivain sacré. La ville de Bethléhem est bien grande, si l'on considere qu'elle a été le berceau du Restaurateur du genre humain. Elle renferme une belle Eglise, bâtie par sainte Hélene sur le lieu où Jesus-Christ est né. Les côtés de la nef ornés d'un double rang de colonnes de marbre, fleuri, au nombre de quarante-quatre; leur hauteur est d'environ dix-huit pieds, en y comprenant la base & le chapiteau. On voit sur ces colonnes des inscriptions latines & grecques, entr'autres celle-ci : *Ecce Agnus Dei qui tollit peccata mundi*, & des personnages peints en azur & en jaune, qu'on diroit être les productions naturelles du marbre. Les côtés de la nef sont revêtus de grandes figures en mosaïque brute, représentant les principaux traits de l'Ancien Testament; on distingue, malgré l'altération qu'elles ont souffertes, la figure de l'Ange qui annonce à la sainte Vierge la conception du Verbe. Cette Eglise n'est point voûtée; la charpente du platfond, qui est très-belle, est en bois de cédre; le toit qui la couvre est en plomb. Le Sanctuaire, qui étoit possédé depuis un temps immémorial par les Franciscains, leur fut enlevé il y a environ vingt ans par les Grecs Schismatiques, qui firent construire un mur pour le séparer de la nef. Un monument qui couvre le berceau de la Religion chrétienne, & bâti à grands frais pour le mettre à l'abri des injures du temps, devoit-il être ainsi mutilé par des Chrétiens à qui la garde en étoit confiée? C'est dans ce Sanctuaire, caché aujourd'hui aux regards des Catholiques, que sainte-Hélene avoit fait élever un autel pour indiquer le lieu où les Rois Mages sont descendus en venant adorer le Messie.

Du pavé de cette Eglise on descend par un escalier de vingt-cinq marches, au bout duquel on entre dans un corridor souterrain, éclairé par trois lampes, qui conduit à la Chapelle de la Nativité: cette Chapelle construite dans le roc, a quatorze pieds de haut, quarante de long, & douze de large; cet espace renferme le lieu où Jesus-Chrift eft né, la créche où il a été dépofé, & l'endroit où il a été adoré par les Mages. La voûte où la Vierge a enfanté a environ neuf pieds de haut, quatre de long & cinq de large; elle eft taillée dans le roc, & revêtue d'un ciment compofé de chaux & de fable. L'autel où l'on dit la Meffe répond au centre de cette voûte, mais depuis vingt ans que les Grecs ont enlevé ces lieux aux Catholiques, ils ne permettent pas à ceux-ci de l'y célébrer. Au-deffous de l'autel, & fur une table de marbre blanc, on voit une plaque de vermeil étoilée, d'environ un pied de diametre, au milieu de laquelle eft une pierre ronde de jafpe verd, d'un demi-pied, qui indique le lieu de la Naiffance. Les rayons d'argent qui étoient autrefois couverts de pierreries, ne montrent aujourd'hui que deux ou trois cafes qui en foient encore garnies; celles qui couvroient les autres rayons ont été l'aliment de la cupidité, ou d'une exceffive piété qui a voulu s'en approprier la jouiffance.

L'endroit où faint Jofeph fe tenoit lorfque la Vierge enfantoit, eft hors de la Chapelle, & à environ cent pas de la Créche.

Le Prefepe, c'est à dire, la Créche où l'Enfant Jefus fut dépofé, a environ cinq pied de long, & trois de large ; il est revêtu de marbre blanc très-poli, & fe trouve vis-à-vis du lieu où les Mages l'adorerent. Le lieu où la sainte Vierge leur préfenta fon Fils pour être adoré, eft à environ cinq pas de celui où il eft né. Là eft un autel où j'ai célébré la Meffe, au-deffus duquel on voit un tableau repréfentant l'adoration des trois Rois.

Parmi ces différens lieux que les Chrétiens honorent de leurs hommages, celui que l'enfant Jefus a occupé en fortant des entrailles virginales de fa Mere, tient un rang diftingué ; il eft couvert d'un drap d'or & d'argent, qu'on leve lorfque les Pélerins y vont faire leurs oraifons ; l'odeur qu'on y refpire en approchant, eft fuave & agréable.

Quinze lampes en or & en argent éclairent cette Chapelle. Les Francifcains y chantent des hymnes chaque jour après Complies, puis ils vont à la chambre de saint Joseph, aux tombeaux de sainte Paule & de sainte Eustochie, à ceux de saint Jérôme & de saint Eusebe, Evêque de Bethléhem, & finissent leur procession au vaste sépulcre où les saints Innocents furent déposés. Il ne seroit peut-être pas hors de propos de vous parler des sentimens qu'inspire la vue de ces saints lieux; mais l'expression étant toujours fort au-dessous de ce qu'on sent en pareil cas, je laisse à votre piété le soin d'y suppléer.

Je suis, &c.

LETTRE LXXXI.

De la Grotte des Pasteurs.

M.

Cette Grotte est à une demi-heure de chemin de Bethléhem. Les pasteurs & les troupeaux que j'ai vus dans la plaine qui l'environne, me paroissoient être une vive image de ceux qui y étoient lors de la naissance du Messie. L'abondance des pâturages y attire naturellement les animaux, & la grotte placée dans le voisinage offre un hospice au Berger qui les conduit. Les chévres & les agneaux paissoient tranquillement les herbes odoriférentes qui croissent sur ces coteaux ; les bizets, espece de pigeons sauvages, voltigeoient, se reposoient sur les arbres, & n'effrayoient point par leurs jeux ces animaux timides. Le Pasteur qui frédonnoit sur son chalumeau des airs rustiques, sembloit les exciter à paître avec plus d'ardeur, tandis que les oiseaux, plus sensibles aux charmes de la mélodie, parcouroient rapidement la ligne circulaire qu'ils décrivent lorsqu'ils veulent se reposer sur le lieu qu'ils ont choisi.

Il y a dans un coin de la Grotte des Pasteurs un autel où les Chrétiens vont célébrer la Messe : cette Grotte est ouverte à tous les passants, ne fût-ce que pour conserver à ce lieu solitaire le privilége de l'hospitalité, qu'il a de tout temps donnée aux Pasteurs, ou pour représenter par cette liberté le souvenir de l'heureuse nouvelle qui y fut annoncée. Elle a trente pieds de long, & vingt de large. La chapelle que sainte Hélene y avoit fait construire, étoit revêtue de peintures en mosaïque ; on en voit encore quelques restes. Un accès trop facile a été cause de cette dégradation, & l'on devoit penser que des hommes étrangers à notre culte ne s'intéresseroient pas à sa conservation. Néanmoins ce lieu dépouillé de ses anciens ornemens imprime encore un respect qu'on ne peut désavouer.

A deux lieues de cette Grotte, & à son midi, s'eleve une montagne faite de mains d'homme ; un tapis de gazon couvre les pierres de taille dont elle est construite ; sa forme est pyramidale, & sa cime applatie : il y a dans l'interieur des citernes, des chambres, des conduits souterrains qui ont des débouchés dans des lieux très-éloignés ; on voit sur sa croupe de vieux restes de forteresse. On prétend que cette montagne servit d'asyle aux Chrétiens qui furent chassés de Jérusalem, & qu'ils l'habiterent pendant quarante ans. Le pays de Béthulie & la ville de Tecné en sont assez voisins. En me retirant à Bethléhem je suis entré dans la grotte *Della Madona*, qui a servi de retraite à saint Joseph & à la sainte Vierge avant leur départ pour l'Egypte. La terre de cette Grotte est fort estimée par les naturels du pays ; en la broyant dans l'eau elle devient blanche comme de la farine ; elle a la propriété de faire revenir aux femmes nourrices le lait qu'elles ont perdu ;

elles la prennent en boisson, & même l'appliquent un peu délayée sur le sein malade : les Turques en font beaucoup d'usage. L'étendue de cette Grotte est d'environ quinze pieds de long, neuf de large, & cinq pieds & demi de hauteur. L'autel où j'ai célébré la Messe, est placé au milieu ; les Grecs ont fait tout leur possible pour enlever ce sanctuaire aux Récollets, mais le jugement du Pacha, arbitre de ce différend, leur en a laissé la possession. Assez près delà & au milieu d'un champ, on m'a fait remarquer un figuier dans le lieu où étoit la maison de saint Joseph. Lorsque les Chrétiens de Bethléhem passent vis-à-vis de cet arbre, ils s'arrêtent pour faire des prieres, & montrent par ces signes extérieurs de piété l'exemple de vénération qui est dû à ce saint Personnage. Ainsi la vraie foi fait honorer jusqu'à ses rapports les plus éloignés, & accorder aux traditions le respect que la subtilité des raisonnemens des mondains leur refuse.

Je suis, &c.

LETTRE LXXXII.

De Bethléhem, le 4 Octobre 1777.

M.

LE terrain qui environne cette ville seroit très-fertile s'il étoit cultivé, mais les paysans des villages voisins qui se font la guerre, ne se contentent pas de verser leur sang pour de légers intérêts ; leur vengeance s'étend jusques sur les productions qui les font subsister : ils immolent à leur fureur les oliviers, les figuiers, & les récoltes. Aussi voit-on la plus grande partie des terres abandonnées à elles-mêmes, ne donner pour signe de fertilité que des plantes grossieres, mais assez élevées sur leur surface pour être distinguées de celles qui croissent dans les terres maigres & stériles qu'on laisse dans l'oubli. Cependant il en est d'autres qui ayant conservé dans leur sein le germe de leurs productions, les étalent au-dehors, & se couvrent d'herbes succulentes dont les Arabes de Béthulie savent profiter en y menant de nombreux troupeaux à cornes & à laine, dont ils tirent leur subsistance. Les tentes qu'ils tiennent long-temps dressées dans ces différens lieux, sont la preuve de l'attrait qui les y retient. Telle est la fécondité de cette terre, que toute négligée qu'elle est, elle se plaît à communiquer aux hommes, par le ministere des animaux, des secours de vie qui les dédommagent de ceux qu'elle leur accorderoit s'ils découvroient son sein en la cultivant.

La douceur du climat y attire les abeilles, & paroît les fixer préférablement dans les lieux cultivés & couverts d'arbres fruitiers : c'est ce que j'ai remarqué dans le voisinage de la ville de Bethléhem ; les ruches sont rangées en grande quantité le long des coteaux cultivés. Le miel est très-commun dans le pays, & d'une excellente qualité ; on le convertit en pâte en y mêlant de la farine, & il sert d'aliment aux habitans. On conçoit que cette denrée devoit être très-abondante lorsque la province étoit peuplée d'habitations & d'hommes que la nécessité portoit à la culture de ces terres fertiles.

La Mer-morte ou le lac Asphalsite, dans laquelle sont ensevelies les villes de Sodome & Gomorre, est à environ six lieues de Bethléhem ; elle est bornée au levant par les montagnes de l'Arabie-Pétrée, & a vingt lieues de long sur trois ou quatre de large. Le Jourdain va se perdre dans ses eaux ; mais les habitans voyant avec peine que les belles eaux de ce fleuve se mêlent avec celles qui portent le nom de Réprobation, ont cherché à lui donner une plus noble retraite. Ils prétendent que le Jourdain perdant son cours à l'entrée de cette mer, se précipite dans des canaux souterrains qui communiquent à la Mer Rouge, qui n'est éloignée que de vingt-cinq à trente lieues. Mais ce fleuve dans lequel notre Rédempteur a été baptisé, est assez honoré par ce fait, sans qu'il ait besoin que l'on couronne le terme de son cours par des systêmes : d'ailleurs, il est très-indifferent à la nature des fleuves qu'ils se perdent dans un endroit plutôt que dans un autre. Le Jourdain n'est pas si grand que la Saône, mais il croît à des époques périodiques, & sur-tout dans le temps de la fonte des neiges du Liban, où il prend sa source. C'est alors qu'il se répand dans les campagnes, & leur donne cette fertilité dont les tendres gazons qui tapissent ses bords, sont l'image riante.

C'est dans les parages de la Mer-morte, & dans les gras pâturages qui existoient dans les vallées qu'elle couvre, que Lot conduisoit ses troupeaux. Abraham son cousin gardoit les siens dans le pays d'Hébron, assez voisin de cette mer. Sur les coteaux qui la dominent est situé le pays d'Engaddi, fameux par la fertilité de ses vignes : les rochers qui la bordent paroissent enfumés & calcinés par les plus grands feux : leur couleur brûlée a donné lieu à diverses conjectures ; quelques-uns prétendent qu'elle a sa cause dans les feux du Ciel qui embrâserent le pays dont ils sont voisins ; d'autres l'attribuent aux rayons brûlans du soleil qui les frappe sans relâche. Les eaux de la Mer-morte ont la couleur bleuâtre comme celles des autres mers, mais elles joignent aux sels l'amertume du soufre & du bitume. Cette Mer est stérile & dénuée de poissons, & n'a d'autre avantage que celui de prouver à la postérité le terrible événement qui la fait naître dans ce lieu.

S'il est constant qu'il y a des petites mers formées par le concours des fleuves, on peut dire avec vraisemblance que celle-ci l'a été par le Jourdain ; & quoiqu'on ne puisse pas désigner le lieu souterrain où ce fleuve se perdoit avant sa formation, il semble qu'il seroit inutile de lui en chercher un autre que celui où il se perd encore aujourd'hui. On dira peut-être que les eaux du fleuve étant douces & agréables à boire, celles de la Mer-morte devroient avoir les mêmes qualités, & ne devroient pas être chargées de soufre & de bitume ; mais ne sait-on pas que les petites mers formées par les fleuves

fleuves font falées, quoique celles des fleuves ne le foient pas? D'ailleurs, des eaux qui fe font creufées d'immenfes profondeurs, peuvent avoir trouvé des amas de minéraux, & s'en être impregnées. Il en eft de la Mer-morte comme des eaux minérales, qui ne le font que parce qu'elles rencontrent dans leur paffage des minéraux qui s'uniffent à elles; & l'hiftoire ne prouvant point que la Mer-morte ait exifté avant le Jourdain, il paroît tout fimple de penfer qu'elle doit fon exiftence à l'abondance des eaux de ce fleuve.

LETTRE LXXXIII.

Du Fons signatus, & Hortus conclusus.

De la Fontaine scellée, & du Jardin fermé dont Salomon a parlé.

M.

Les fontaines & les jardins sont l'ouvrage de la nature & de l'art; chacun de ces objets a sa beauté particuliere, mais jamais ils ne sont plus admirables que lorsqu'ils sont unis; c'est alors qu'ils manifestent leur puissance & leur fécondité, semblables à ces arbres qui cessent d'être stériles lorsqu'ils sont voisins : c'est alors que les fleurs & les fruits, heureux gages de cette union, se montrent avec grace, & plaisent autant par leur variété que par leur bonté. Les Poëtes & les Historiens ont toujours célébré cette union dans leurs ouvrages; ils n'ont jamais fait la description des agrémens des lieux enchantés & champêtres, qu'ils ne les aient ornés de jardins & de fontaines, auxquels ils ont donné différents noms pour mieux les faire distinguer. Salomon paroît même avoir consacré cet usage dans son Livre des Cantiques, lorsqu'il parle de la Fontaine scellée & du Jardin fermé qui sont voisins. Pour être à portée de reconnoître la vérité de la description que ce Roi a donnée de ces objets, je suis allé dans ces deux endroits, qui ne sont éloignés de Bethléhem que de deux heures de chemin.

A deux cents pas avant d'arriver à cette fontaine, on voit un grand château qui servoit autrefois de Maison de plaisance à Salomon; mais les murs qu'on a bâtis pour réparer les anciens, prouvent que le temps l'avoit fort dégradé, & la forme des tours qui ornent ses angles lui donne l'air d'un bâtiment moderne. Toutefois on l'appelle encore aujourd'hui le château de Salomon. On voit sur la porte d'entrée de ce Château un distique en caracteres Arabes, sur une pierre qui a un pied & demi en carré, & qui est bordée de pierres bleues. Les murs anciens se font distinguer de ceux qu'on y a ajoutés, par leur solidité. Le Grand-Seigneur fait garder ce château par quatre Turcs qui y font leur habitation.

Le sceau que Salomon avoit fait mettre à sa belle fontaine, paroît avoir été enlevé. On entre dans la voûte qui la couvre par une ouverture de la largeur du corps, & en pénétrant dans une profondeur de cinq ou six pieds, on arrive auprès du réservoir qui en reçoit les eaux limpides par trois canaux différents. On peut aller dans ces canaux souterrains à une distance de dix ou douze pas; puis l'espace venant à se rétrécir, on se contente d'admirer leur prolongation, sans qu'il soit possible de pénétrer dans l'endroit mystérieux de la montagne où cette fontaine se divise en trois branches. Ses eaux se réunissant dans le réservoir en sortent par deux ouvertures, & vont se précipiter dans un canal souterrain bâti en pierres de taille, large de deux pieds, qui les conduit dans les fossés du Château de Salomon dont je vous ai parlé, & les distribue ensuite dans trois réservoirs contigus à cette Maison de plaisance, & qui sont rangés en amphithéâtre les uns au-dessous des autres: les eaux surabondantes du premier coulent dans le second, qui donne son superflu au troisieme. La longueur du premier est de cent cinquante pas, sa largeur de cent, & sa profondeur de plus de trente; le second a à peu près la même étendue, mais le troisieme en a beaucoup plus: on voit même dans ce dernier des bancs & des siéges en pierres de taille jusqu'aux deux tiers de sa profondeur. Ces réservoirs offroient l'avantage de nourrir les poissons, & la commodité de s'y baigner.

A l'extrêmité du troisieme réservoir est le canal qui portoit une partie de ses eaux à Bethléhem & à Jérusalem dans le temple de Salomon. La solidité de ce canal se fait encore remarquer dans une partie de son étendue. Mais le Gouvernement peu soigneux de le nettoyer est cause que l'eau n'y coule plus.

Le *Hortus conclusus*, ou le Jardin fermé, commence au bas des réservoirs, & se prolonge jusqu'à un village distant de deux milles, dans lequel logeoient les gens de la Cour de Salomon, & où l'on remarque un grand réservoir dont les murs sont semblables à ceux des autres. Ce jardin n'a guères plus de trente pas de large dans toute sa longueur. Il est borné dans ses côtés par des collines pierreuses où croissent encore des oliviers. Ces arbres dont elles étoient entierement couvertes, formoient une haie naturelle qui a fait donner à ce lieu le nom de Jardin fermé : le terrain de ce jardin a une pente presqu'insensible ; les eaux y couloient, sans qu'on eût à redouter leur trop long séjour.

Je n'y ai vu que du thym, du romarin, quelques rosiers & d'autres arbrisseaux communs : on n'y voit aucun vestige des arbres précieux que Salomon y avoit fait plantés, tels que le nard, l'arbre qui distille la myrrhe, l'aloës, &c. La Fontaine scellée coule maintenant dans un canal profond qu'elle s'est creusé elle-même, & dédaigne d'arroser ce Jardin ouvert de tous côtés, & qui montre dans sa stérilité la vicissitude des choses humaines.

Je suis, &c.

LETTRE LXXXIV.

A Jérusalem.

M.

LE nom de Salem qu'on dit avoir été donné à cette ville par Melchisédech son fondateur, n'a pas duré aussi long-temps que le nom de Jébus qu'elle eut ensuite. Elle portoit ce dernier lorsque Josué se rendit maître de la terre de Canaan où elle est située ; elle l'a même conservé jusques au temps où le Roi David l'assiégea, & en chassa les Jébuséens qui en étoient maîtres. Assujétie à la domination de ce nouveau Conquérant, elle prit le nom de Cité & de Forteresse de David ; mais dans la suite des temps on lui donna un nom composé très-vraisemblablement de ses deux premieres dénominations, soit pour accorder les traditions entr'elles, soit pour la décorer des titres d'une plus haute antiquité, & c'est le seul qu'elle porte aujourd'hui avec une légere altération ; celui de sainte qu'on y ajoute, est une épithete religieuse que lui a mérité l'honneur qu'elle avoit de posséder l'Arche-d'alliance, & d'être le centre de la Religion.

Les malheurs que cette ville a éprouvés, peuvent se rapporter à quatre époques : la premiere sous Nabuchodonosor, qui après l'avoir assiégée & pillée, amena son Roi & ses habitans captifs à Babylone : la seconde, sous le regne d'Antiochus-Epiphanes, qui la traita avec la même cruauté : la troisieme, au commencement de notre Ere, sous les regnes de Vespasien & de Titus, qui la mirent au pillage, firent périr une grande multitude de Juifs qui l'habitoient, & embrâserent le Temple de Salomon & d'autres superbes édifices : la quatrieme, sous le regne de l'Empereur Adrien, qui vint punir la révolte des Juifs par le plus horrible massacre, & porter le plus rude coup à cette Cité, en faisant démolir entierement les restes de ses murs & les couvrant de sel, pour empêcher la verdure de croître sur ses ruines, ou pour en faire l'image d'un terrain dévoré par les feux d'un volcan.

Les secousses qu'elle avoit éprouvées dans les deux premiers siéges, avoient été réparées aussi-tôt par Néhémias & Judas-Machabée; mais les deux dernieres se suivirent de trop près, & furent trop générales pour être réparées aussi promptement, la derniere sur-tout devoit l'ensevelir dans l'oubli, mais cette ville étoit voisine du lieu consacré par la mort du Rédempteur, & la divine Providence qui venoit de punir les Juifs, vouloit conserver aux Chrétiens le berceau de leur renaissance & de leur Religion. Adrien, après avoir été l'instrument de sa ruine, devint l'auteur de sa réédification.

Cette ancienne ville étoit bâtie sur les quatre monts Sion, Acra, Moria, & Bézéta. Sur le premier, qui est plus élevé que les autres, étoit placée la forteresse de David & celle où se tenoient les Jébuséens. Cette ville avoit la forme d'une demi-lune : elle avoit à son levant le mont *Moria*,

Bézéta au couchant, celui de Sion au midi, & Acra au septentrion. Elle étoit bordée au midi, comme elle l'est encore aujourd'hui, par les vallées de Siloé & de Géhémon ou Tophet, dans lequelles sont les champs du Foulon & d'Haceldama ; au septentrion par la vallée des Cadavres, ainsi appellée à cause des cadavres qu'on y jettoit, & des sépulcres qu'on avoit bâtis de ce côté, entre lesquels on distingue à un quart-de-lieue les fameux sépulcres des Rois ; au couchant elle étoit bornée par la colline de Goreb & les vallées de Raphaïm ; & au levant par le mont des Oliviers & la vallée de Josaphat. La ville se divisoit en supérieure & inférieure ; la partie haute étoit située sur le mont Sion, & la partie basse sur les trois autres monts.

Quelques Historiens ont porté sa population, en y comprenant les étrangers qui y venoient en certains temps de l'année, comme dans la solemnité de Pâques, à onze cent mille ames, & ils ont avancé qu'elle avoit pour les contenir dix mille de circonférence : d'autres lui en donnent cinq, & quelques-uns la réduisent à trois mille ; mais sa position qui se trouve resserrée entre les collines & les montagnes, ne favorise pas l'opinion des premiers; & quand on les supposeroit toutes couvertes d'édifices, elle n'auroit pas encore la circonférence qu'on lui donne. Cette ville avoit à la vérité de grands fauxbourgs qui s'étendoient au nord & au midi; les débris qu'on trouve épars dans les terrains labourés & incultes, les vieilles masures qu'on y voit, prouvent la multitude des édifices & l'étendue de ces fauxbourgs, qui pouvoient contenir une grande population & servir d'asyle aux étrangers.

La ville, telle qu'Adrien l'a fait rebâtir & telle qu'elle est aujourd'hui, est entourée d'un mur élevé, auquel Constantin, Héraclius & Soliman, ont donné plus de solidité ; elle a à peu près la même position, mais non la même étendue. Adrien mit hors de son enceinte une partie du mont Sion & une partie du mont Bézéta, & il enferma dans ses murs le mont du Calvaire & une partie de la colline de Gore; de maniere qu'en diminuant sa longueur, il conserva sa largeur, & lui donna une forme carrée.

Six portes donnent l'entrée dans cette ville : la premiere, qui est au levant sur le mont Moria, s'appelle la porte de saint Etienne ; la seconde, qui est au couchant & sur une partie du mont Bézéta, est celle de Rama, & conduit à Bethléhem; la troisieme, qui est au septentrion, & sur le mont Acra, est celle de Damas; la quatrieme, qui est au midi, se nomme la Porte du mont Sion; celle qui porte le nom d'Or, est au levant; aujourd'hui elle est murée. Il y a encore deux portes moins fréquentées, qui sont les portes de Sterquiline & d'Hérodes; & enfin deux autres qui sont dans l'intérieur de la ville, qu'on appelle la porte Judicielle & la porte de Fer, qui sont fermées.

On s'étonne qu'Adrien, restaurateur de cette ville, ait retranché de son enceinte la montagne de Sion, que de beaux édifices avoient ornée ; & que le séjour de plusieurs Rois avoit illustrée : c'est-là qu'étoit le lieu où David faisoit sa pénitence ; les maisons des vaillants & des héros qui s'exerçoient aux fonctions militaires, s'y faisoit remarquer. Salomon y fut oint & couronné du Diadême ; la prison Royale dans laquelle Jérémie fut détenu pour avoir prêché les malheurs de Jérusalem, y étoit aussi ; les palais d'Anne & de Caïphe y occupoient leur place, ainsi que le Cénacle dans lequel Jesus-Christ institua le Saint-Sacrement de l'Autel. Enfin la maison où la Vierge demeura plusieurs années après l'Ascension de son Fils, y étoit bâtie. Un lieu qui avoit été le théâtre de tant de faits chers à la mémoire, & qui en conservoit encore les premieres marques, devoit-il être rejetté & exposé aux ravages des temps & des infideles ? La montagne du Calvaire est renfermée dans ses murs, comme nous l'avons dit. Les Chrétiens y ont bâti une Eglise, dans l'espace de cette montagne où Jesus-

Chrift fut crucifié & enféveli. Cette Eglife a été agrandie & embellie par les foins de Conftantin.

Le Caftrum pifanum, l'efpace qu'occupoit le château de David, fur lequel les Turcs ont bâti une belle fortereffe, & le parc qui lui eft contigu, forment au couchant la partie du mont Sion, qui fe trouve encore enfermée dans la ville, ainfi qu'une partie du mont Bézéta, où l'on croit reconnoître le lieu où étoit la maifon d'Urie & de Bethfabée fa femme.

Cette ville peut avoir maintenant deux milles de circonférence. Sa population ne va pas au-delà de quinze mille ames; dix mille Turcs, & cinq mille Chrétiens Catholiques, Schifmatiques, ou Juifs. Le nombre des Catholiques eft d'environ huit cents; celui des Grecs de dix-huit cents; celui des Arméniens fe porte à quinze cents; & le refte eft compofé de Juifs. On y compte cinq ou fix Mofquées: les Grecs, les Arméniens, les Catholiques, les Cophtes, y ont chacun une Eglife. Il y a un Mufti, un Cadi & un Gouverneur. Les édifices les plus remarquables font la Forteresse dont je viens de parler, la Mosquée que des Turcs ont élevée sur l'espace qu'occupoit le Temple de Salomon, la Maison des Templiers, & avant eux des Chevaliers du Saint-Sépulcre & les Bazards voûtés. L'air qu'on y respire est fort tempéré. Lorsque j'y suis arrivé, il y avoit neuf mois qu'il n'y avoit plu.

Je suis, &c.

LETTRE LXXXV.

De Jérusalem.

M.

AVANT de vous parler du Temple de Salomon tel qu'il existe aujourd'hui, je crois devoir vous donner la description de celui qui fut bâti dans la même enceinte par ce Roi vers l'an 3000, pour vous montrer les changemens que l'architecture a éprouvés, les progrès des Arts, & pour vous épargner le soin des recherches. Je ne puis le faire avec plus d'exactitude qu'en puisant dans les Auteurs sacrés qui en ont donné les détails les plus exacts, & qui ont le mieux représenté dans sa magnificence la majesté du culte qu'on y observoit.

Quatre grandes portes placées aux faces opposées, donnoient l'entrée dans ce fameux Temple. Chacune avoit son nom ; celle qui étoit au levant, & par laquelle Jesus-Christ fit son entrée triomphante dans Jérusalem, s'appelloit Dorée ; celle du couchant Haute & sublime, & même spécieuse à cause de la beauté de son frontispice ; celle du midi Sacrée, & celle du septentrion la porte de la Piscine probatique.

Un mur haut & épais de dix pieds trois pouces, & long de six cents coudées, c'est-à-dire, de mille vingt-cinq pieds, formoit une enceinte carrée qui entouroit l'édifice. Le Temple étoit divisé en cinq parties ; le Parvis des Gentils, le Parvis d'Israël, celui des Prêtres, le Sanctuaire & le Saint. Les trois premiers étoient séparés par des murs, les deux derniers par un grand voile fort riche de couleur de pourpre ; mais tous communiquoient entr'eux par des portes. Le parvis des Gentils avoit cinquante coudées carrées ; on pouvoit le regarder comme le fauxbourg de ce Temple. On y entroit par quatre portes d'airain, une galerie, soutenuë par de belles colonnes de marbre, l'environnoit. On vendoit dans ce lieu, qui étoit public, les agneaux, les colombes, & les autres objets nécessaires aux sacrifices. Le Parvis d'Israël ou des Juifs, qui étoit contigu & pavé de beau marbre, avoit cent coudées de long, & autant de large. Les Auteurs sacrés ne désignent point l'élévation du mur, mais on croit qu'il pouvoit en avoir trente de hauteur, son vestibule cinquante de long, & soixante d'élévation; aux côtés de ce vestibule il y avoit trois chambres, chacune de six coudées en carré, & des murs de séparation de cinq d'épaisseur. Les portes de ce vestibule étoient couvertes de lames d'argent, & avoient trente coudées de haut & vingt de large : c'est de ce lieu que Notre Sauveur chassa les marchands & les acheteurs ; c'est-là qu'on lui amena la femme adultere, & qu'il avoit coutume de prêcher & d'instruire. Le Parvis des Prêtres avoit cent coudées en quarré ; le vestibule de ce Parvis avoit les mêmes dimensions que celui d'Israël, & avoit de même trois chambres. Aux côtés de chacun de ces deux

Parvis il y avoit trente appartemens, c'est-à-dire quinze de chaque côté. Les appartemens qui étoient dans le Parvis des Prêtres, avoient trois étages, & ceux d'Israël n'en avoient que deux; il y avoit même une différence remarquable entre ces deux Parvis en ce que celui des Prêtres avoit quatre galeries, & étoit construit avec du bois de cédre, mêlé artistement avec des bandes de marbre poli, ce qui ne se voyoit point dans celui d'Israël. Les appartemens étoient occupés par les Prêtres chargés de la garde du Temple & du service de l'Autel, & par les Chantres; il y avoit des salles où ils mangeoient, & un lieu pour préparer les viandes sanctifiées : elle avoit quarante coudées de long, & trente de large. L'escalier qui conduisoit au vestibule & au Parvis des Prêtres, avoit huit marches, celui d'Israël n'en avoit que sept. A la porte septentrionale du Parvis des Prêtres étoit le portique où l'on égorgeoit les victimes ; on les coupoit sur des tables qui avoient une coudée & demie en carré. La plate-forme du

Saint & du Sanctuaire en avoit soixante en carré.

L'Autel des Holocaustes étoit à cinq du Temple, proprement dit; il avoit vingt pieds & demi en carré, & autant d'élévation; à ses deux côtés étoient des vaisseaux d'airain qui servoient à laver les victimes : le plus grand avoit dix coudées de diametre, cinq de hauteur, & six pouces d'épaisseur; il étoit soutenu par douze bœufs d'airain, & servoit à laver les mains des Prêtres & des Lévites. De ce lieu on entroit dans le Sanctuaire par un vestibule qui avoit vingt coudées de large, dix de long, & qui étoit orné de deux colonnes de fonte qui en avoient trente-cinq de hauteur, & douze de circonférence. La porte d'entrée du Sanctuaire en avoit quatorze de largeur; l'étendue de celui-ci étoit de quarante coudées de long sur vingt de large; c'étoit-là qu'étoient le Chandelier d'or, la Table des pains de proposition, & l'Autel sur lequel on offroit les parfums. Le Saint, qui en étoit séparé par un grand voile très-riche, avoit vingt coudées en carré. C'est dans ce lieu qu'étoit l'Arche-d'alliance, qui renfermoit les tables de la Loi. Le Grand-Prêtre y entroit une fois l'année, & nul autre n'en avoit le droit. Il étoit orné de palmes en relief, & de Chérubins couverts de lames d'or; en général, l'intérieur du Saint & du Sanctuaire en étoit incrusté.

Ce beau Temple, tantôt pillé, tantôt détruit, fut rébâti par Hérodes le Grand, quarante-six ans avant la premiere Pâques de Jesus-Christ; on mit neuf ans à achever cet ouvrage. Josephe, qui en a donné la description, a montré qu'il ne cédoit pas en beauté à celui dont je viens de parler, quoique sa forme fût différente : dans son enceinte étoient le Parvis, l'Autel des Holocaustes, le Saint & le Sanctuaire. La plate-forme sur laquelle il étoit bâti, avoit cent vingt-cinq pas en carré. Les portes de ce Temple avoient soixante coudées de haut & autant de large; les corniches des côtés étoient ornées de branches de vigne qui pendoient avec leurs raisins, le tout couvert d'or. Cet édifice étoit environné de galeries dont la beauté surpassoit celles qu'on avoit vues auparavant ; sa façade avoit cent coudées de haut, & le vestibule quatre-vingt-dix à cent de longueur.

Ce Temple qui avoit servi aux sacrifices de l'ancienne Loi, devoit être détruit lorsque le divin Messie seroit venu sceller de son sang la nouvelle alliance que Dieu vouloit contracter avec les Nations qui n'avoient point le nom de Peuple chéri. Titus & Adrien, ses derniers destructeurs, ne furent que les exécuteurs de la volonté de l'Être Suprême, qui n'y vouloit plus recevoir les sacrifices des animaux, ni les adorations de la Nation Juive. Cependant l'Empereur Julien, ennemi des Catholiques, essaya de le rétablir en faveur des Juifs qu'il protégeoit ; mais lorsqu'on alloit jetter les fondemens de ce nouvel édifice, la terre s'entrouvrit ; des vapeurs chaudes s'exhalant de son sein, forcerent les ouvriers à une fuite précipitée, & l'ouvrage fut livré à l'abandon. Un événement si public étoit bien la preuve de l'irrévocabilité des décrets de Dieu, & de l'état d'anéantiffement, dans lequel il vouloit laiffer ce Temple : auffi le défir de bâtir dans ce lieu fut-il fufpendu, & quand on conçut le projet d'y conftruire un monument, on fe garda bien de le deftiner à l'objet qui avoit caufé la ruine du dernier : cependant on éleva un Temple, & on lui donna le nom de Salomon, ou du Seigneur, parce qu'il eft placé dans l'efpace qu'occupoit l'ancien. Quelques Hiftoriens ont prétendu que les Chrétiens l'avoient bâti après la mort de Julien, & qu'il jouiffoit du titre d'Eglife Patriarchale près de deux cents ans avant que les Mahométans fe fuffent rendus maîtres de la Paleftine. Guillaume de Tyr, & plufieurs autres Hiftoriens affurent qu'il fut bâti par Omar vers le dixieme fiecle ; mais ce qui eft bien certain, c'eft que Godefroy de Bouillon s'étant rendu maître de Jérufalem, le fit fervir au culte de la Religion Chrétienne, & qu'on y célébra le Sacrifice de la nouvelle Loi pendant plus de quatre-vingts ans. Les Chrétiens étant

étant chassés de Jérusalem en 1166 par Saladin, ce Temple redevint Mosquée, & a conservé depuis cette époque le Croissant qui en est l'emblême.

Ce temple moderne, bâti sur l'espace des anciens, est placé au milieu d'une enceinte qui a cinq cents pas de long sur quatre cents de large; on y entre par trois portes. Celle qui avoit le titre de Belle est au couchant; la seconde est celle de S. Etienne; la troisieme est placée au-dessous de la maison de Pilate; on en remarque une autre à l'orient, mais elle est fermée. Le Parvis qui conduit au Temple, est élevé de trois pieds, & bordé de cyprès & de gazon; il est pavé de larges pierres de marbre blanc; quatre escaliers de sept marches couronnés d'une arcade, & placés en sens opposé, aident à y monter. Quatre oratoires bâtis en dômes remplissent les quatre côtés; ces petits édifices élevés en mosquées, servent de lieu de priere aux Mahométans que la grande Mosquée ne peut contenir.

Au milieu de ce Parvis est le Temple

bâti en forme octogone. Ses murs sont revêtus de pierres de marbre, de carreaux vernissés semblables à la porcelaine & à la fayance, & sont peints de diverses couleurs; ils jettent beaucoup d'éclat lorsque les rayons du Soleil viennent les frapper. Des arcades vitrées & séparées par des colonnes de marbre, entourent ses côtés; ces arcades sont surmontées par d'autres qui sont fermées, & celles-ci sont couronnées par une terrasse un peu inclinée, & couverte en plomb, qui forme le toît de l'édifice, au milieu duquel est une grande coupole aussi couverte en plomb, avec un croissant de la même matiere à son sommet.

Ce Temple paroît très-vaste; il ne m'a pas été possible d'en prendre les dimensions; on croit pourtant qu'il a plus de cent pas de long. Les Chrétiens seroient punis de mort s'ils y entroient; ils doivent même, lorsqu'ils passent près des portes, ne pas affecter d'y porter la vue. J'ai cependant eu la facilité de l'observer à l'aise de la montagne des Oliviers, & de plus près d'une fenêtre du Palais du Gouverneur de la Ville, dont la façade du midi regarde le Temple.

Au midi, & près des murs qui forment l'enceinte du Temple, est un grand édifice bâti en pierres de taille, qui paroît fort ancien ; son toit & sa coupole sont revêtus de plomb. On remarque à son extérieur trois rangs d'arcades les unes sur les autres ; celles du milieu sont les plus élevées. Le nom de Temple de la Présentation qu'on lui a donné, lui vient de ce que la Sainte-Vierge y demeura onze ans après qu'elle eût été présentée au Temple de Salomon. On croit qu'il est bâti sur le terrain qu'occupoit celui qui étoit destiné aux veuves & aux femmes qui tenoient des Ecoles, où les jeunes filles recevoient des instructions de piété & des principes d'éducation, & où étoient les atteliers pour les occuper aux travaux méchaniques. Elles y faisoient des napes & des couvertures pour les Officiers du Temple ; il y en avoit qui étoient occupées à filer le lin, à coudre & blanchir les linges, faire les ornemens des Prêtres & des Lévites, laver les vaisseaux; il y en avoit même dont la fonction étoit d'ouvrir & fermer la porte par laquelle les femmes entroient dans le lieu qui leur étoit assigné dans le Temple, & qui étoit séparé de celui destiné aux hommes. Cét édifice sert de Mosquée & d'habitation, & la beauté des pierres & des colonnes dont il est composé, fait assez connoître qu'il a été construit avec les débris des anciens Temples renversés.

Je suis, &c.

LETTRE LXXXV.

De Jérusalem.

M.

Le Roi Salomon qui avoit fait bâtir en sept ans le Temple dont je vous ai parlé dans ma précédente, voulut que sa Maison Royale en fût voisine, pour être à portée d'y faire ses prieres, & d'y voir exercer les cérémonies de la Religion ; mais son zele pour la perfection de ce Palais ne fut pas aussi ardent que pour la construction du Temple qu'il avoit consacré au Seigneur. Il employa treize années à cet ouvrage, dont la magnificence répondoit à celle du Temple qui étoit en face. Il paroît par les descriptions qu'en ont données les Historiens sacrés & profanes, qu'il n'avoit rien négligé pour ce bel assortiment. Toutes les pierres dont cet édifice étoit composé, étoient choisies : celles qui furent employées aux fondemens, avoient huit & dix coudées de long & de large. Ce monument étoit divisé en deux étages. Le premier avoit quatre rangs de colonnes de bois de cédre, dont le nombre alloit à deux cent quarante, le second en avoit trois rangs de quarante-cinq chacun. Un grand nombre de croisées distribuées avec goût rendoit ce Palais aussi salubre qu'agréable. Devant la principale porte régnoit un très-beau portique. Parmi les richesses dont l'intérieur étoit embelli, un trône d'ivoire revêtu d'or pur se faisoit admirer ; on y montoit par six marches ; les appuis étoient soutenus par des lions, & les côtés des degrés par six lionceaux. Cinq ans après la mort de Salomon, Sesac, Roi d'Egypte, le pilla, & emporta tout ce qu'il renfermoit de précieux.

Aucuns débris ne marquent le lieu où ce Palais étoit bâti ; il n'y auroit que les grosses pierres de dix coudées qui formoient ses fondemens qui pourroient le déceler ; mais, soit négligence de la part des Chrétiens, soit indifférence de la part des Conquérans, il ne paroît pas qu'on ait tenté d'en faire la découverte. Le seul monument qui semble en indiquer la place, est le Palais de Pilate, habité maintenant par le Gouverneur Turc : ce Palais a été le séjour des Préteurs Romains ; il est voisin du Temple, & a une porte qui communique dans son enceinte ; sa façade méridionale regarde le Parvis & le Temple. Ce qui reste de ce Palais, montre qu'il occupoit une vaste étendue : on y voit encore de larges cours, quelques murs entiers : le côté qu'habite le Gouverneur & ses gens, s'est le mieux conservé, quoiqu'il ait l'air plus antique. Du temps de Pilate on montoit à cet édifice par vingt-cinq marches, dont il ne reste que la premiere, les autres ayant été transportées à Rome. Comme on ne pouvoit trouver de lieu plus à portée du Temple que celui sur lequel on a bâti ce Palais, il est probable que Salomon l'avoit choisi de préférence à tout autre.

Près de ce monument est un arcade sur laquelle étoit un corridor bâti en pierres de taille, où l'on pouvoit se promener, & qui communiquoit sans doute à quelque autre endroit ; on l'appelloit l'Arc de Pilate. Cependant sa fondation paroît bien antérieure au regne de ce Prince, & ce nom lui vient plutôt de ce que ce Préteur Romain montra du haut de cet arc Jesus-Christ vêtu de pourpre & couronné d'épines, ou même de l'Inscription latine que les anciens voyageurs y ont lue, & qui contenoit en abrégé le supplice auquel il condamna Notre Sauveur. Cette inscription que j'ai examinée avec attention, a été pour moi une espece d'hiéroglyphe, soit par l'effet des ravages du temps, soit par la mousse qui en couvroit les caracteres ; mais les anciens ont visiblement reconnu le *Tolle , crucifige.*

A quelque distance de cet Arc est une petite tour qu'on appelle *Antonine*, qui a pour fondement les vieux murs de celle que les Machabées avoient bâtie, & qu'on appelloit *Barriés*. Hircan, Grand Sacrificateur, y demeuroit : elle étoit large, élevée, & étoit flanquée de quatre autres tours, dont trois avoient cinquante coudées de hauteur, & la quatrieme, soixante-dix; dans son enceinte étoient des parvis, des salles, des chambres, des bains, & tout ce qu'il falloit pour loger un Prince & sa suite. On ne voit plus que deux toises de hauteur du vieux mur, sur lequel est bâtie la petite tour Antonine, qui est très-moderne; elle tient à une grande voûte qui traverse la rue, & est placée vis-à-vis une seconde voûte plus vaste, sous laquelle on voit des lampes suspendues, & qui conduit à une porte du Temple. Delà, en descendant vers la porte S. Etienne, on trouve la Piscine probatique, dont saint Jean a parlé dans son Evangile; elle est adossée au mur du Temple: sa longueur est de cent quarante pas, & sa largeur de trente. On reconnoît les cinq marches & les portiques par lesquels on y descendoit. Des maisons la bordent au couchant & au nord: ses côtés sont revêtus de pierres de taille, mais elle est tellement comblée de vieux débris & de broussailles, qu'elle n'a maintenant que cinq ou six pieds de profondeur; les eaux de la Fontaine

I v

scellée n'y coulent plus. Cette piscine s'appelloit *Betsaïda*. Les eaux qu'elle contenoit, étant agitées en certain temps par l'Ange, avoient la propriété de guérir les malades qui alloient s'y baigner. Ce réservoir servoit même à laver les animaux qu'on alloit présenter aux Sacrificateurs, qui les lavoient ensuite dans des cuves avant de les immoler.

Je suis, &c.

LETTRE LXXXVII.

A Jérusalem.

M.

Les deux Hérodes qui régnerent dans cette ville, y avoient chacun un palais. Celui d'Hérodes-Afcalonites étoit le plus beau; il étoit affez éloigné du Temple, & fitué entre le nord & le couchant. Il paroît naturel que ce Prince qui venoit de faire bâtir un Temple fupérieur en beauté à celui de Salomon, dont il occupoit la place, montrât fon goût pour la magnificence dans le palais qu'il devoit habiter.

Une muraille de trente coudées de hauteur, & des tours placées de diftance en diftance, environnoient ce palais, dont l'intérieur étoit orné de ce qu'il y a de plus précieux. Des portiques tournants foutenus par de belles colonnes de marbre conduifoient à des jardins & à des parcs agréables : les allées qui les divifoient en différens fens étoient bordées de petits ruiffeaux & de ftatues de bronze qui jettoient l'eau par plufieurs endroits. Hors des murs de ce palais étoient trois tours, rangées fur une ligne, & à une certaine diftance l'une de l'autre. Hérodes qui les avoit fait bâtir leur donna le nom d'Hippiccos, Phaseléon, & Mariamme. La premiere avoit trente coudées de hauteur, & vingt-cinq en carré ; elle étoit couronnée d'une terraffe fur laquelle on avoit élevé un édifice à deux étages, qui avoient vingt-cinq coudées de hauteur ; fa cime étoit revêtue d'un mur crenelé ; la feconde en avoit quarante dans chacune de fes quatre faces, & autant d'élévation ; au-deffus étoit un portique de dix coudées de haut, au milieu duquel s'élevoit une tour divifée en plufieurs appartemens : la hauteur de l'édifice alloit à quatre-vingt-dix. La troifieme étoit haute de cinquante-cinq coudées, & large d'autant ; fes appartemens étoient plus beaux &

en plus grand nombre que dans les deux premieres. Le marbre de ces tours étoit si uni, qu'on auroit cru qu'elles étoient d'un seul bloc.

Le palais que le second Hérodes fit bâtir, n'a laissé aucune trace de son existence. Celui qui est connu sous ce nom encore de nos jours, & qui est situé entre le couchant & le nord, présente dans ses murs extérieurs des pierres de marbre blanc & noir dont on admire la beauté ; mais les cours & les grandes salles qu'on y voit, n'offrent qu'une foible image du palais d'Hérodes-Ascalonites. Les théâtres, les amphithéâtres & les colléges que ce Roi avoit fait bâtir pour les différentes sectes des Pharisiens, des Sadducéens, des Scribes, des Cyrenéens, &c. sont tellement détruits, qu'on pourroit douter qu'ils aient jamais existé.

Les monumens de la haute antiquité les mieux conservés sont aux environs de la ville, & je me suis empressé d'aller les admirer.

Etant sorti par la porte de Damas pour aller visiter les Sépulcres des

Rois de Juda, qui font fitués au nord de Jérufalem, d'où ils font éloignés d'un quart de lieue, j'ai été arrêté dans la route par quatre Turcs qui m'ont laiflé aller aufli-tôt. Avant de pénétrer dans le lieu où ces Sépulcres font placés, on trouve une arcade de cinq pieds d'épaiffeur, taillée dans le roc & à demi-comblée, que l'on franchit en fe courbant ; elle donne l'entrée dans une grande cour fermée par des rochers taillés avec le cifeau, au fond de laquelle eft un veftibule de fix pas de long & de dix pieds de haut. Sur le frontifpice de l'arcade de ce veftibule s'offrent de beaux morceaux de fculpture, & des bas-reliefs repréfentant des raifins d'une groffeur prodigieufe, des nœuds, des feuilles de laurier, des cercles couronnés, & des feuillages couvrant à moitié des fruits reffemblants à des pommés de pin & de cédre. L'arcade, les figures, les bas-reliefs & le plafond du veftibule, tout eft parfaitement fculpté, & ne forme qu'un corps avec les rocher : il n'y a aucune piéce de rapportée.

Dans ce vestibule, & à la gauche, est une porte par où l'on entre dans les salles qui renferment les Sépulcres ; mais cette porte presque comblée par des matériaux ne présente qu'une petite ouverture où l'on passe en rampant, avec peine. Dès que ce passage est franchi, on trouve une salle taillée dans le roc, ayant six pas en carré & dix pieds d'élévation : on y voit trois ouvertures ; deux sont des sépulcres, & la troisieme est une porte qui conduit à trois salles : celles-ci sont séparées par des cloisons du même rocher, & ont des portes de communication : les gonds & les battants des portes sont de pierres ; un filet d'architecture en forme les pannaux, dont quelques-uns sont encore entiers. Ces salles souterraines ont à leurs côtés de petites portes qui donnent l'entrée aux cellules des Sépulcres : les uns sont bâtis au niveau de la salle, les autres sont élevés d'un ou deux pieds. Chacun a dans le milieu un petit canal creusé pour recevoir l'humidité produite par la putréfaction des corps qu'on y déposoit. Les deux salles qui viennent immédiatement après la premiere, ont chacunes à leurs côtés sept ouvertures qui contiennent autant de Sépulcres, qui ont six ou sept pieds de long & trois de large ; leur couvert de pierres est renversé à côté. Dans la quatrieme salle sont cinq portes, trois grandes & deux petites, toutes taillées en arc ; elles ouvrent des espaces qui pourroient contenir neuf Sépulcres.

Ce qui est admirable dans ce monument souterrain, c'est de voir ses différentes parties ne faire qu'un seul & même corps avec le rocher : il n'y a que les panneaux des portes & les couverts des sépulcres qui en soient détachés ; tout le reste n'est qu'un roc creusé & divisé par le ciseau. Le plafond, le pavé des salles & des cabinets est si uni, qu'on les croiroit de plâtre. L'obscurité qui regne dans ces lieux ténébreux fait qu'on ne les visite qu'avec des torches allumées.

Les six premiers Rois successeurs de David avoient leurs sépulcres sur le mont Sion, mais les corps des autres Rois étoient déposés dans ceux-ci. La lumiere dont j'étois éclairé ne m'a laissé entrevoir aucun reste de ces dépôts; on ne peut que blâmer les brigands qui les ont enlevés. Quelques anciens voyageurs ont été plus heureux, en ce qu'ils ont vu des ossemens

Je suis, &c.

LETTRE LXXXVIII.

De Jérusalem.

M.

Voulant parcourir les monumens antiques des environs de Jérusalem, j'ai commencé par ceux du septentrion ; je vous entretiendrai succeſſivement de ceux qui ſont au couchant, au midi & au levant. Cette marche m'a paru d'autant plus naturelle, que les monumens anciens & modernes ſe verront dans leur claſſe ſans être confondus.

A peu de diſtance des murs de Jéruſalem eſt une grande caverne qu'on appelle la Grotte du Prophete Jérémie ; c'eſt là qu'il compoſa ſon livre des Lamentations. Cette grotte ſituée au nord eſt taillée dans le roc ; elle a trente pas de profondeur, & cent pas de circonférence, en comprenant la chambre du Santon qui l'habite aujourd'hui. Deux gros piliers carrés de dix a douze pieds de hauteur, soutiennent son toit ; ces pilliers, la voûte & les côtés sont des parties du rocher qui se tiennent. On remarque à la gauche de cette grotte le lit de pierres où se reposoit le Prophete ; il est taillé dans un lieu élevé à la hauteur de huit ou neuf pieds ; de petits trous taillés dans le roc servent de marches pour y monter. Après avoir donné au Santon une piastre, qui est le tribut qu'il retire de ceux qui vont voir ce monument, je suis allé à la fameuse citerne près de la Grotte. M'étant muni d'une lumiere, j'y suis descendu par un long escalier de pierres taillées : un gros pilier soutient sa voûte qui est en pierres de taille : son eau est excellente ; elle n'en avoit alors que deux pieds, mais lorsque les eaux pluviales y coulent avec abondance, l'escalier en est couvert. A quelque distance delà paroissent deux arcades, restes de la prison où les Prophetes furent détenus ; elles servent d'appui à une citerne qu'on y a construire. A deux lieues & demie de cet endroit, entre le nord & le couchant de Jérusalem, est *Emmaüs*. Ce lieu portoit le nom de ville lorsqu'Elisias & Démétrius le soumirent à leur domination ; mais ayant été incendié par les Romains, il n'a conservé que celui de Bourg ou Château : le nombre des ruines qu'on y voit, prouve qu'il étoit assez considérable. Les Chrétiens y avoient bâti une Eglise dans la maison de Cléophas, dont il ne reste que quelques murs délâbrés. A un mille de ce Bourg est la fontaine des Apôtres, dont l'eau a la propriété de guérir plusieurs maladies : Jesus-Christ s'y arrêta avec eux pour en boire.

Au Couchant, & à une lieue de Jérusalem, on trouve les Sépulcres des Juges d'Israël : ils sont taillés dans le roc, & divisés en trois étages l'un sur l'autre ; ils sont plus vastes, que ceux des Rois : mais ils ne sont pas travaillés aussi artistement ; cet ouvrage n'en est pas moins digne d'admiration. Un vestibule qui a environ douze pieds de long, huit de large & autant d'élévation, donne l'entrée par une petite porte dans une grande salle autour de laquelle sont de profondes cavités propres à recevoir les corps; de cette salle on va dans une autre aussi grande & également distribuée, & dans celle-ci est une étroite ouverture par laquelle on se glisse en descendant dans une troisieme environnée de Sépulcres creusés comme dans les précédentes; de cette salle on descend par une ouverture dans un troisieme étage composé de chambres également entourées de profondes cavités, mais on a de la peine à se débarrasser des vieux sédimens que l'on trouve dans ces dernieres. Un rocher si profondément creusé & taillé en tant de parties différentes, montre combien les Anciens étoient constans dans le travail & passionnés pour la solidité de leurs monumens. Je ne sais ce qu'on a fait des corps des Juges d'Israël, mais je n'ai vu aucun de leurs ossemens. S'ils étoient embaumés, comme on a lieu de le présumer, selon l'usage, Oriental, ils auront eu le même sort de ceux qu'on a enlevés dans les pyramides d'Egypte, & dont on a fait un objet de trafic.

Au couchant de Jérusalem & à environ une lieue de cette Cité, est la maison d'Obédedon ; on m'a fait remarquer dans ses vieux murs délâbrés le lieu où l'Arche-d'Alliance avoit été déposée pendant trois mois, par les ordres de David, qui la fit transporter ensuite dans le tabernacle du Mont Sion. Les Juifs attentifs à conserver les traditions, & voulant marquer cet événement, enfoncerent dans ce lieu une colonne dont il ne paroît au dehors que deux pieds quelques pouces ; sa circonférence est de trois à quatre pieds. Ce vieux édifice a encore des voûtes en pierres de taille assez entieres, mais ses autres parties sont détruites. La belle citerne qui est dans cette maison, est entiérement comblée par des débris. Près delà s'élevent des vignes, & les arbres qu'on appelle Carrouges ; leur fruit qui est bon à manger, est renfermé dans une gousse de couleur brune qui a trois pouces de long sur autant de circonférence. Obédedon est à plus d'un mille du village de Saint-Jean, dont je parlerai dans la suite.

Assez près des murs de Jérusalem, & toujours au couchant, est la Piscine de Gion, qui a cent quarante pas de long, quatre-vingt-dix de large, & environ quinze pieds de profondeur : on y descend par vingt-quatre marches, dont il en reste treize bien conservées ; elle reçoit & rejette ses eaux par deux canaux. Elle étoit à sec lorsque je l'ai vue.

Entre le couchant & le midi est la fameuse vallée de Raphaïm, appelée des Géans, à cause de la taille énorme qu'avoient ses habitans, que David massacra lorsqu'il se rendit maître de la Sainte Cité. Cette vallée commence près de la Piscine de Gion, & se continue dans un espace d'environ quatre milles de longueur & deux de largeur ; elle est très-fertile, & sert de limites aux tribus de Juda & de Benjamin.

Je suis, &c.

LETTRE IXC.

A Jérusalem.

M.

Je vous ai dit que les Jébuséens avoient leur forteresse sur le mont Sion, qui est au midi de la Ville. Cette forteresse dans laquelle ils se croyoient invincibles, fut néanmoins prise par David, qui la rendit plus redoutable par les fortifications qu'il y ajouta. Il fit applanir les terrains montueux qui l'entouroient, & fit construire des édifices dans lesquels les Gladiateurs & les Militaires s'exerçoient ; il fit aussi bâtir son Palais sur cette montagne. Le sépulcre où ce Roi & plusieurs de ses Successeurs furent ensevelis, se voyoit encore du temps de sainte Hélene, qui le fit réparer & ériger en Mausolée : maintenant quelques débris en indiquent seulement la place.

C'est

C'est sur la partie de la montagne qu'on a mise hors de l'enceinte de la ville, qu'est le palais de Caïphe; il est à peu de distance de la porte Sterquiline qui le sépare du palais d'Anne son beau-pere. Ces palais sont possédés par les Arméniens : celui de Caïphe est divisé en plusieurs petits appartemens : en y entrant, & à la gauche, est une petite Eglise que sainte Helene fit bâtir sur les fondemens de la salle où ce Pontife donnoit audience. A un coin de cette salle est une niche dans laquelle on a érigé un autel qui est éclairé par une lampe, pour marquer le lieu où Jesus-Christ fut conduit & détenu en attendant que ce Pontife vînt dans la salle pour l'interroger & le condamner. Au milieu de la cour, & à main droite, est un oranger qui marque l'endroit où l'on avoit allumé du feu pour la populace, & où saint Pierre qui avoit suivi Jesus-Christ jusques dans la cour, le renia trois fois. Près de la porte de l'Eglise on voit une grosse pierre grise, conservée avec soin, qu'on dit avoir fait partie de la colonne sur laquelle le coq chanta, &

rappella à saint Pierre ce que Jesus-Christ lui avoit dit. La grotte dans laquelle saint Pierre alla pleurer son infidélité, est située sur le penchant du mont Sion.

La maison qu'on appelle le Cénacle appartenoit à un riche particulier de la ville; elle est située sur le Mont Sion. C'est là que Jesus-Christ fit la Cêne avec ses Disciples; qu'il lava leurs pieds, & qu'il institua le Saint-Sacrement de l'Eucharistie. C'est-là qu'il se montra à eux après sa résurrection; qu'il leur donna le Saint-Esprit, & le pouvoir de lier & délier les péchés des hommes: c'est-là qu'il se montra huit jours après à S. Thomas qui doutoit de sa résurrection, & que le Saint-Esprit descendit sur les Apôtres qui étoient en priere. Ce lieu vénérable méritoit d'être consacré par une Eglise; aussi sainte Hélene en fit-elle bâtir une qui étoit très-belle; les Mahométans l'ayant enlevée aux Chrétiens, l'ont dégradée, & érigée en Mosquée: ce Cénacle entouré d'un grand mur, offre encore un bel édifice; il est défendu aux Chrétiens d'y pénétrer.

Près delà sont marqués l'endroit où les Apôtres se séparerent pour aller prêcher l'Evangile en différens lieux ; la place où S. Matthias fut nommé Apôtre par le sort, & celle où la Sainte Vierge est morte : ce dernier lieu sert maintenant de cimetiere aux Catholiques.

Au sud-ouest de la ville on voit sur une colline, au-delà du Mont Sion, des vieux murs, restes de l'édifice dans lequel les Scribes & les Pharisiens s'assembloient secrettement pour concerter les moyens de surprendre Jesus-Christ par de vaines questions, afin d'avoir quelque sujet de le perdre : on appelle ce lieu *mauvais Conseil*.

Du même côté est le champ Haceldama, situé sur la vallée de Gehetmon ou Tophet ; il a reçu diverses dénominations, telles que Champ du Sang & du Figuier. Sa terre est rougeâtre & stérile : sainte Hélene en fit un cimetiere, qu'elle environna d'un mur très-élevé : ce lieu a soixante-douze pieds de long & cinquante de large ; il y a plusieurs ouvertures aux murs par lesquelles on jette les cadavres de haut en bas : ce cimetiere sert pour les Pélerins étrangers qui n'ont point de sépulture marquée pour leur Nation.

Cette vallée fait partie de celle de Josaphat, qui lui est contiguë; elle n'en a été distinguée que par les idoles qu'on y adoroit, & par le bois épais qui étoit consacré aux Divinités : c'est-là que les Juifs livrés aux excès de l'idolâtrie adorerent Moloch, & qu'ils lui sacrifierent leurs enfans. Le nom de Géhennon qu'elle a pris, lui vient des enfans d'Ennon qui en étoient les propriétaires, & celui de Tophet lui a été donné à cause de l'Idole qu'on y éleva pour livrer au feu les filles & les enfans. Cette Idole étoit d'airain creux; sa tête ressembloit à celle d'un veau; le reste du corps avoit la forme humaine : elle avoit les mains ouvertes & prêtes à recevoir les enfans qu'on déposoit entre ses bras. L'idole étant échauffée intérieurement brûloit les enfans qu'elle tenoit embrassés, & dans ce moment on battoit du tambour & on jouoit des instrumens bruyans, afin que les peres qui étoient témoins de ce sacrifice, n'entendissent point les cris de leurs enfans, & pour leur faire accroire que ces victimes alloient être reçues dans la gloire sans aucune souffrance.

Ce genre d'idolâtrie qui avoit commencé vers la fin du regne de Salomon, dura jusqu'à celui de Josias, ce pieux Roi qui en bannit le culte superstitieux. Il fit abattre les autels consacrés aux divinités ; la statue de Moloch fut renversée ; on brûla le bois qui lui étoit consacré, & l'agréable vallée de Géhémon fut purgée des objets qui la souilloient. Cette vallée, dont le terrein est en pente est arrosée par les eaux de la fontaine de Siloé ; les jardins qu'on y voit annoncent par leur fertilité les agrémens qu'elle offroit lorsqu'elle étoit ornée de bois & d'arbres fruitiers.

La fontaine de Siloé a sa naissance au pied du mont Sion, vers le sud-est de la ville. On dit qu'elle augmente régulierement le matin & le soir ; son eau dont j'ai goûté m'a paru désagréable ; sa source est couverte par un rocher qui s'éleve comme une montagne, & paroît à un de ses côtés se détacher de la terre. Elle se divise en deux branches ; celle qui coule au midi ne paroît pas si abondante que celle du levant ; près d'elle se voient des piscines où ses eaux se conservent ; elles sont remplies de terres qu'elle arrose, & forment des jardins. A peu de distance est le lieu où Isaïe fut martyrisé ; il est désigné par un grand mûrier blanc qui ne porte jamais de fruit ; son tronc est entouré d'un mur sur lequel on a élevé de petites colonnes de pierre pour appuyer les branches de cet arbre. Les habitans de Jérusalem en font tant de cas, que personne n'ose en détacher une feuille, de crainte d'être sévérement puni. *

Le réservoir dans lequel se décharge la seconde branche de la fontaine de Siloé, a trois pieds de large & sept pieds de profondeur ; on y descend par un escalier de plusieurs marches, à coté duquel est un espace découvert & pavé, qui a l'air d'une piscine dans laquelle on pouvoit se baigner, & qui étoit probablement remplie avant qu'on eût creusé le réservoir qui est au-dessous.

DE LA PALESTINE. 223

Divers Historiens ont cru que c'étoit la Fontaine de Rogel ou du Dragon. Dans la suite on l'appella la fontaine de la Vierge, parce qu'elle avoit coutume de boire & de se servir de ses eaux. Elle arrose les jardins de la vallée de Josaphat qui lui sont contigus.

Je suis, &c.

LETTRE XC.

A Jérusalem.

M.

LA vallée de Josaphat, placée au pieds des collines & des montagnes, a perdu de sa profondeur par les éboulemens des terres & les sédimens que les eaux y ont laissés ; son terrain inégal, tantôt plat, tantôt en pente est la marque de ses altérations successives. Elle est située entre Jérusalem & la montagne des Oliviers, & prenant sa naissance au septentrion près du lieu où est placé le sépulcre de la Sainte Vierge, elle se prolonge à l'orient de la ville jusqu'au midi, & se termine vers le puits de Néhémie. Sa longueur est d'environ deux mille pas ; elle est étroite dans son commencement, & large de quatre cents pas vers son milieu.

Cette vallée est couverte de jardins, de belles prairies, d'arbres fruitiers, & de champs cultivés. La fontaine de Siloé l'arrose en tout temps, mais le torrent de Cédron enflé en hiver par les eaux pluviales & par la fonte des neiges tombées sur les montagnes qui l'avoisinent, la fertilise par ses débordemens, & prépare les productions abondantes pour le printemps & pour l'été. Ce torrent qui ne contient des eaux qu'accidentellement ne lui envoie que des secours momentanés ; il est presque toujours à sec en été & en automne. Son petit lit varié par des sinuosités, & incliné vers le bas, fait que ses eaux coulent avec bruit & rapidité, ce qui lui a mérité le titre de torrent ; le nom de Cédron qu'on lui a donné, lui vient de la forêt de Cédres qui couvroient la vallée qu'il traverse ; ce torrent peut avoir six à sept lieues de longueur ; il va se perdre dans le Jourdain.

La vallée de Josaphat célebre par les faits dont elle a été le théâtre, l'est encore plus par la prophétie de Joël, qui a annoncé que Dieu y purgera les hommes à la fin des siecles, & qu'il y rassemblera toutes les Nations : *Congregabo omnes gentes, & deducam eas in vallem Josaphat, & disceptabo ibi cum eis* : « J'assemblerai toutes les » Nations de la terre, & je les menerai » dans la vallée de Josaphat ; c'est- » là que je discuterai & que je jugerai » leurs actions : *Consurgant & ascendant gentes in vallem Josaphat, quia ibi sedebo ut judicem omnes gentes in circuitu.* « Que toutes les Nations » se levent & aillent à la vallée de » Josaphat, parce que j'y aurai un » trône où je serai assis pour juger » toutes les Nations qui seront ran- » gées dans son circuit ; » c'est pourquoi elle a été appellée Vallée de Jugement, de Bénédiction & d'Occision. Les autres noms qu'on lui a donnés, tels que Vallée Royale, Vallée des Montagnes & de Siloé, lui viennent du Roi qui y avoit ses jardins, de sa position entre les montagnes, & de la fontaine de Siloé qui y coule ; le nom qu'elle a le mieux conservé est celui de Josaphat, sans doute parce qu'elle garde le sépulcre de ce Roi.

Le puits de Néhémie est situé au midi, & au pied de la montagne d'Offension qui est liée à celle des Oliviers ; il est étroit & profond, mais il n'est jamais à sec ; c'étoit le seul qui fournissoit l'eau aux citoyens de Jérusalem lorsque j'y étois : ses eaux croissent si fort en hiver, qu'elles débordent & se répandent dans les campagnes voisines pour les fertiliser, & ce spectacle réjouit les citoyens qui viennent en être les témoins. Lorsque l'eau est dans son état naturel, elle est à dix-huit pas de l'orifice. Ce puits est couvert d'un grand toit, & porte le nom de Néhémie, parce que ce Prince le fit bâtir, ou parce qu'il y fit chercher le feu sacré qu'on disoit y avoir été caché, mais on n'y trouva qu'une eau bourbeuse qui enflamma les victimes qu'il avoit fait immoler pour cette découverte. Près delà est une Mosquée, soutenue par une arcade qu'on dit être le reste d'une ancienne Chapelle, & une piscine profonde qui se remplit des eaux de ce puits.

Je suis, &c.

LETTRE XCI.

A Jérusalem.

M.

LA montagne des Oliviers, placée au levant de Jérusalem, est couronnée par trois pointes rangées sur sa cime : celle du milieu est plus élevée que les deux autres, & celle qui est au nord l'est plus que celle qui est au midi ; toutes trois ont été profanées par des autels dressés aux fausses divinités ; on y adoroit les idoles de Chamos, d'Astarot, &c. que le pieux Roi Josias détruisit : les vestiges de ces anciens édifices ne paroissent que pour perpétuer le souvenir de leur destruction. Cette montagne a été appellée Montagne Grasse, Montagne de Baume & de Crême, des trois Lumieres ; elle ne prend aujourd'hui que le nom des Oliviers, dont elle est couverte du haut en bas. A fon fommet font les Sépulcres des Prophetes, & à fes pieds le village de *Siloé* taillé dans le roc, le jardin de *Getfemani*, le Cimetiere des Juifs, la Vallée de Jofaphat, & les Sépulcres d'Abfalon, de Zacharie & de Jofaphat.

Les Sépulcres des Prophetes fe reconnoiffent à une petite ouverture par laquelle on entre dans une grande falle ovale qui a environ trente pieds de circonférence. Deux portes placées à fes côtés oppofés, conduifent à un corridor qui euvironne cette falle, dans lequel on compte vingt-fept ouvertures qui renferment autant de fépulcres ; certaines d'entr'elles en contiennent deux & trois. Deux gros piliers du même rocher foutiennent le plafond de cet édifice fouterrain : ces fépulcres font à peu près dans la même forme de ceux des Rois, mais ils ne font ni auffi bien travaillés, ni auffi bien confervés.

Le Sépulcre d'Abfalon eft d'une forme pyramidale ; il a trois étages l'un fur l'autre ; la bafe du premier préfente un carré dont les faces ont quinze pieds de largeur. Trois larges pierres forment les faces, & chaque pierre a sept pieds de hauteur ; quatre colonnes placées à chaque angle séparent ces pierres. Les étages se distinguent par des corniches & de grosses pierres taillées qui avancent d'un pied, & qui servent d'appui au second étage qui soutient le troisieme : ces deux étages sont plus petits que le premier ; le dernier qui finit en pointe, est le plus petit de tous.

Le Sépulcre de Josaphat qui est sur la même ligne, est un grand carré taillé dans le roc ; il sert de retraite aux animaux. Celui de Zacharie fils de Barachie en est voisin ; il est beau, & son architecture est la même que celle du Sépulcre d'Absalon, mais il n'est pas si élevé ; ce qui les distingue davantage est le couronnement ; celui du tombeau d'Absalon est d'une seule pierre taillée en forme d'entonnoir, & celui de Zacharie est formé de quatre pierres triangulaires dont les pointes se réunissent à l'extrémité supérieure. A quelque distance de-là sont d'autres sépulcres taillés dans le roc, qui reſſemblent à des grottes; ils ſe prolongent juſqu'au Cimetiere des Juifs & au village de Siloé qui ſont du même coté. Plus avant, & au pied de la montagne des Oliviers, eſt le petit bourg de Betphagé, dont il ne reſte que quelques fondemens à fleur de terre. Dans ce bourg étoit la maiſon de campagne des Iévites qui ſervoient le Temple; ils alloient s'y délaſſer tour à tour lorſqu'ils avoient rempli leurs fonctions; c'eſt-là qu'ils nourriſſoient & entretenoient les animaux offerts dans le Temple juſqu'au moment qu'ils vouloient les immoler à leurs beſoins, & les manger avec leurs familles. Cet endroit eſt à mille pas de Jéruſalem; c'eſt-là que Notre-Seigneur envoya deux de ſes Diſciples pour chercher dans ce lieu voiſin l'âneſſe ſur laquelle il fit ſon entrée triomphante à Jéruſalem.

La longueur de la Montagne des Oliviers du ſeptentrion au midi eſt d'environ deux mille pas. Le point de vue à ſon ſommet eſt très-étendu. On voit à l'orient les montagnes d'Arabie, Abarim, Nebo & Phaſga, qui sont vis-à-vis Jéricho ; au midi la Mer-morte, le Jourdain jusques à Hébron & le pays des Moabites ; au septentrion la province de Samarie & au couchant Juda & le Désert de Saint-Jean où je veux aller demain. Je vous ferai la description des monumens qu'il renferme, & vous parlerai des faits qui s'y sont passés lorsque je serai de retour de ce voyage.

Je suis, &c.

LETTRE XCII.

Du Village de Saint-Jean.

M.

JE ne puis mieux peindre l'empire tyrannique que les Turcs exercent sur les Chrétiens qui sont dans leurs contrées, qu'en vous racontant la révolution qui vient de se passer dans le Bourg de Saint-Jean. Les montagnes de la Judée où ce lieu est situé sont couvertes de vignes, & ont donné cette année des raisins avec tant d'abondance, que les Turcs ne sachant qu'en faire, ont forcé les Chrétiens qui habitent parmi eux de les acheter. Ils en ont en effet acheté une bonne partie, mais les Musulmans ayant encore de cette denrée, ont voulu les forcer de nouveau ; les Chrétiens embarrassés, & ne pouvant placer tous ces raisins dans leurs maisons, ont refusé d'en prendre une plus grande quantité. Les Franciscains Espagnols ont été les plus vexés, comme ayant plus de moyens. Les Turcs ont porté devant leur Couvent un monceau de raisins qu'ils ont estimé mille Piastres (la Piastre vaut environ quarante sous de notre monnoie.) Les Religieux trouvant ce prix excessif & cette provision superflue, se sont obstinés à n'en pas vouloir; ils ont fermé les portes de leur Maison, & s'y sont renfermés comme des prisonniers. Les paysans irrités de ce refus ont assiégé pendant huit jours le Couvent; c'étoient des insultes, des cris, des menaces, puis des grêles de pierres dans les croisées & sur les toits. Le Gouverneur de Jérusalem instruit de ces troubles vient d'en arrêter les progrès, en réduisant la demande des propriétaires à un tiers, & obligeant les Religieux à payer cette somme & à recevoir les raisins. Cet accommodement a fait cesser la fermentation, & j'ai été instruit que je pouvois aller au Bourg Saint-Jean sans courir aucuns risques.

J'en ai pris la route, laissant le

château de Siméon à la gauche, & traversant la vallée de Raphaïm : puis entrant dans d'autres plaines cultivées, je suis arrivé au défilé des montagnes de Juda. J'ai traversé ensuite des vallées étroites & fertiles ; les hautes montagnes qui les bordent étoient couvertes depuis le pied jusqu'au sommet de ceps de vigne placés entre de gros rochers, à quatre ou cinq pieds de distance les uns des autres ; d'un coté les ceps étoient chargés de fruits couverts de pampres verdoyants, & sur les montagnes opposées ils étoient dépouillés, & leurs pampres à demi-secs annonçoient qu'on venoit de cueillir les fruits. Continuant ma route dans ces défilés, j'ai trouvé tantôt à droite, tantôt à gauche, des montagnes nues & arides qu'on avoit voulu fertiliser. Les rochers travaillés avec le ciseau laissoient voir des espaces taillés en carré, en ovale & en d'autres formes. Les anciens habitans de ces contrées avoient découpé ces rochers pour leur donner une fertilité que la nature leur avoit refusée : on les couvroit de terre, & l'on y semoit des bleds. Ces montagnes lors du commencement de la végétation paroissoient n'être qu'un vaste tapis verd à compartimens, mais lorsque les grains étoient parvenus à leur grandeur naturelle, les épis paroissoient s'embrasser pour couvrir la terre. Maintenant une mousse légere couvre quelques-uns de ces petits compartimens ; les autres sont nuds & décharnés. A l'admiration que cette belle variété m'avoit causée succéda le plaisir de voir le village de Saint-Jean.

Cette ancienne ville, dont le vrai nom n'est pas bien connu, en a pourtant reçu plusieurs de la part des hommes qui ignoroient le premier qu'elle avoit eu ; les uns ont cru qu'elle s'appelloit *Montana*, d'autres *Hébron* & *Jéther*; celui qu'elle porte aujourd'hui est *Saint-Jean*. Les Turcs en sont les maîtres : les Chrétiens qui habitent parmi eux sont au nombre de trente ; leur Eglise, qui est dans le lieu qu'occupoit la maison de Zacharie & où saint Jean est né, est gardée par les Récollets Espagnols. Ce temple est beau ; la voûte de la nef est soutenue par six gros piliers, devant chacun desquels il y a un autel. La coupole qui couvre le Sanctuaire est soutenue par quatre autres piliers ; on a donné au Maître-Autel qu'on y a élevé le nom de saint Zacharie, parce que la chambre où demeuroit ce saint personnage étoit dans cet endroit. Aux côtés de l'autel sont deux Chapelles, celle qui est à droite est dédiée à sainte Elizabeth ; saint Jean est né dans celle qui est à gauche. On descend dans le lieu de sa naissance par sept marches de marbre. Cette Chapelle a quatre pas de diametre jusqu'à l'endroit de la niche où est né le Précurseur du Messie ; la pierre sur laquelle il avoit accoutumé de prêcher, est déposée dans une niche fermée d'une grille près de l'autel de sainte Elizabeth.

La maison paternelle de sainte Elizabeth est à une petite distance du village de Saint-Jean ; elle est dominée par une tour ruinée. La porte d'entrée a six pieds de haut & cinq de large. Dans les ruines de cette maison est une Chapelle où les Pelerins font leur station. Cette Chapelle désigne le lieu où sainte Elizabeth reçut la sainte Vierge lorsqu'elle vint la visiter ; delà on monte par les degrés de la tour à d'autres appartemens dont on voit les ruines.

Près de cette maison sont les vieux restes d'une Eglise & d'un Couvent de Religieuses fondées par sainte Hélene. La voûte de leur Réfectoire est la partie la moins altérée. Le souterrain a trois arcades & trois piliers qui soutiennent l'édifice supérieur. Les murs latéraux sont entiers, & fort épais. On y voit une fontaine excellente, dont on puise l'eau à une certaine profondeur comme dans une citerne. Elle faisoit partie des agrémens de la maison de sainte Elizabeth.

Entre le village & cette maison on voit une belle fontaine qui verse ses eaux avec abondance par un rocher, & qui fertilise les vallons voisins ; on l'appelle la Fontaine de la Vierge.

Je suis, &c.

LETTRE XCIII.

Du Désert de Saint-Jean.

M.

Du village de Saint-Jean je suis arrivé en trois quarts-d'heure à la grotte que le saint Précurseur a long-temps habitée. La stérilité des vallées que j'ai traversées, & l'effrayante nudité des montagnes qui les entourent, m'ont bien prouvé que ce lieu avoit mérité à juste titre le nom de Désert. Je n'y entendis de bruit que lorsque je fus au pied de la grotte, où une fontaine répand ses eaux avec abondance. Plus avant, & à sept ou huit cents pas, je vis le Désert se terminer à une montagne opposée. C'est-là que la nature paroissant s'être ranimée, m'offrit un petit village bâti sur son penchant, d'où sortent trois fontaines qui, en descendant comme des torrens, arrosent les prairies & les vergers rangés en amphithéâtre. Une haie de citronniers & d'orangers les séparoit des champs ensemencés, & la verdure les distinguoit des côteaux secs & arides. On y gardoit des troupeaux nombreux qui paissoient tranquilement. Attentif à observer la variété de ces perspectives, je n'avois à craindre que d'être apperçu par les Pasteurs, accoutumés au brigandage. Je trouvai un autel dressé dans la grotte, & après avoir achevé de le parer de ce qui étoit nécessaire, j'y célébrai la Messe, sans être troublé dans cet auguste Sacrifice.

La Grotte de Saint-Jean est située sur la pente d'une montagne; elle est longue de vingt-quatre pieds, large de sept, & haute de six. Pour y arriver, il faut monter un escalier taillé dans le roc, & difficile à monter. La porte d'entrée a trois pieds de haut, & quatre de large. Sur cette grotte se voient les débris d'un Couvent, & sur la cime de la montagne s'éleve un vieux Oratoire dont il ne reste que la moitié de la voûte:

Elisabeth

Elisabeth y avoit son sépulcre. Des plantes odoriférantes y répandent des parfums agréables. La sauge fine y est très-commune. Le carrouge y croît aussi, & il est probable que les sauterelles dont ce Saint a fait sa nourriture, n'étoient que les fruits de cet arbre.

Du haut de cette montagne on apperçoit celle de Modin, qui a sur son sommet un vieux château & une tour très-élevée. Sur son penchant sont des maisons & les sépulcres des Machabées. Le château de Judith est parmi ces divers monumens : on marqua à Bétulie la place où elle coupa la tête à Holoferne. A trois milles delà, & sur la même ligne, se voient le village d'Ascalon & le château de Samuel. En sortant de ce désert pour aller voir la montagne des Machabées, on m'a fait remarquer l'endroit où étoit la pierre qui servoit de chaire au saint Précurseur lorsqu'il préchoit le Peuple qui venoit recevoir ses instructions dans le désert.

La montagne où les Machabées avoient des habitations est bien mieux cultivée que celle du désert ; elle est tapissée de vignes sur toute sa pente, & un long édifice couronne son sommet. Un seul étage qui a quarante-trois pas de longueur, est divisé en dix chambres bâties en voûte, & rangées sur une même ligne ; chaque chambre a huit pieds de largeur & autant d'élévation. Huit sont dans leur entier, mais la voûte des deux autres est ruinée, & il n'en reste que les parties latérales. Les ceps de vignes qui environnent cette habitation, lui servent de parc & de jardin. Au pied de cette montagne, & du côté du nord, commence la vallée de Térébinthe, où Goliat fut terrassé par David ; elle est située entre les montagnes de Socho & Azéca. Un petit ruisseau la traverse ; c'est-là que David eut la facilité de choisir les pierres qu'il mit à sa fronde pour combattre son adversaire. Les Israélites & les Philistins spectateurs du combat particulier de leurs Chefs, se tenoient les premiers sur la montagne de Socho, & les autres sur celle d'Azéca. Socho est probablement celle que je viens de décrire sous la dénomination de Montagne des Machabées. Les Juifs avoient élevé un monument dans cette vallée pour conserver la mémoire de cet événement ; les Chrétiens y bâtirent aussi une Eglise ; il ne reste de ces deux édifices que quelques toises de muraille. La vallée de Térébinthe est petite & étroite ; à peine a-t-elle un mille de long & autant de large. Le sol est ombragé par différens arbres, tels que le Térébinthe, l'Olivier & le Carrouge. Une fontaine peu abondante qui prend sa source dans une montagne voisine, va s'unir aux eaux du ruisseau qui traverse cette vallée.

Je suis, &c.

LETTRE XCIV.

A Jérusalem.

M.

Il y a deux Béthanies dans la Palestine, l'une au-delà, l'autre en deçà du Jourdain : toutes deux ont été le théâtre de grands événemens. Jesus-Christ a ressuscité un mort dans l'une, saint Jean a baptisé & prêché le baptême de Pénitence dans l'autre : ces faits méritoient d'être consacrés, aussi ces bourgs montrent-ils des monumens qu'on avoit élevés pour en conserver le souvenir. Ces deux endroits ont acquis de plus grands rapports & un second caractere de ressemblance par leur mutuel anéantissement.

Saint Jean qui baptisoit dans Béthanie près du Jourdain, s'y étoit fait une si grande réputation, qu'on le prenoit pour un homme extraordinaire, le Messie, l'Envoyé de Dieu: le Roi Hérode crut s'honorer en l'admettant à sa cour ; mais Hérodiade qui ne pouvoit souffrir ses grandes vertus, engagea ce Prince à le faire décoller.

La seconde Béthanie, voisine de Jérusalem, vit ressusciter Lazare mort depuis quatre jours : ce miracle que Jesus-Christ opera en présence de Marie & Marthe sœurs du ressuscité, & de plusieurs autres personnages, fut rendu public, & tout le monde cria au prodige dans les environs & à Jérusalem ; il n'y eut que la jalousie qui s'en irrita, & cette passion inspira à ceux qu'elle maitrisoit les plus noirs projets contre Jesus-Christ. Le tombeau de Lazare est renfermé dans une grotte souterraine & obscure : on y descend par six marches de pierres; c'est à la derniere que le Sauveur s'arrêta pour appeller Lazare. Son sépulcre est découvert, & a six à sept pieds de long & trois de large. Les Chrétiens avoient élevé une Eglise sur ce souterrain, que les Turcs ont changée en mosquée. Le Château de Lazare étoit grand & solidement bâti, les murs qui existent encore en donnent la preuve.

Ce bourg de Béthanie est à quinze stades de Jérusalem ; ses édifices ruinés épars çà & là n'annoncent pas une grande étendue. Avant de pénétrer dans ses ruines on trouve celles d'une Eglise bâtie sur la maison de Simon le Lépreux, où sainte Magdeleine baignée de pleurs alla trouver Jesus-Christ, & répandit des parfums précieux sur ses pieds. La maison de Marthe, qui est à deux cents pas delà, ne laisse voir que quelques palmes de mur délâbrés. Près de cette maison est une citerne taillée dans le roc, sur laquelle est une pierre oblongue blanche & noire, qui est en vénération chez les Chrétiens & même chez les Turcs ; c'est sur cette pierre que Jesus-Christ étoit assis lorsque Marthe & Marie vinrent lui annoncer la mort de Lazare leur frere.

Delà j'ai été à Betphagé, qui est situé près du mont des Oliviers, & à un mille de Jérusalem. Ce bourg ne mérite de place dans l'histoire que parce qu'il a été le dépositaire de l'ordre que Jesus-Christ y donna à deux de ses Disciples de lui amener l'ânesse qu'ils trouveroient dans le château qui étoit vis-à-vis d'eux, & parce qu'il est le point fixe d'où il est parti pour faire son entrée triomphante dans Jérusalem. Le monument qu'on y avoit bâti pour consacrer ce fait, s'est le moins conservé de tous ceux que j'ai vus, mais les Catholiques y ont suppléé par une cérémonie publique qu'ils faisoient annuellement le Dimanche des Rameaux. Ils traversent la ville ayant à leur tête le Gardien du Mont Sion, qui est le Vicaire Apostolique, & ses Religieux : ils se rendent à Bethphagé. Pendant que le Diacre chante l'Evangile du jour, le Révérendissime impose les mains sur deux de ses Religieux, à qui il dit à haute voix d'aller chercher une ânesse qui n'est pas loin delà. Cet animal est amené au lieu de l'assemblée, on le couvre de manteaux, & le Révérendissime revêtu de ses habits pontificaux monte dessus ; les Religieux en chapes brodées en or & en argent l'environnent, & ils marchent dans cet ordre vers le Mont des Oliviers en chantant des hymnes. Les Catholiques étendent leurs manteaux sur la route, & la couvrent de fleurs & de branches de palmiers. La Procession rentre ensuite dans le Bourg, & se rend à l'Eglise du Couvent : puis on récite quelques prieres, & chacun se retire satisfait d'avoir participé à une cérémonie à laquelle les Turcs mêmes ne dédaignoient pas d'assister.

On ne sait pourquoi cette cérémonie est suspendue depuis vingt ans, & l'on s'étonne que les Chrétiens aient abandonné un usage qui représentoit si bien un des beaux traits de la vie de Notre Sauveur.

Je suis, &c.

LETTRE XCV.

De Jérusalem.

M.

Après vous avoir parlé des antiques monumens de la montagne des Oliviers, je viens à ceux qu'elle offre dans un genre plus moderne, mais bien plus relevé, puisqu'ils ont un rapport immédiat à la Religion chrétienne. Au milieu de cette montagne commence une chaîne mémorable de faits qui, s'étendant jusqu'au Mont Golgotha, présente d'un côté au voyageur chrétien les traces marquées des pas de son divin Rédempteur ; & de l'autre, au voyageur indifférent, une suite des monumens dont la masse solide est comme un lien qui unit la vérité avec l'histoire, & la met à l'abri des atteintes de la plus adroite incrédulité.

Les premiers Chrétiens agirent comme si l'histoire n'en devoit jamais être écrite, & diviserent en deux la longueur qu'embraſſe cette chaîne. La premiere partie de cette chaîne s'appella voie de captivité; la ſeconde, la voie douloureuſe. Toutes les actions que Jeſus opéra dans ces voies, furent marquées ou par des colonnes profondément enfoncées dans la terre, ou par des autels & des chapelles; ces atteſtations muettes parloient aſſez pour la vérité. Mais les Hiſtoriens voulant donner plus d'étendue à ces témoignages, en publierent la deſcription dans des écrits, qui parvinrent aux Nations qui n'étoient pas à portée de connoître des ſignes ſi précieux. Cependant le zele des Chrétiens dégénéra dans la ſucceſſion des ſiecles, & il ne reſte de la plupart de ces édifices que les fondations & des débris qui accuſoient la négligence des Fideles & la cruauté de la nation uſurpatrice. Il n'y a eu de bien conſervé que les faits, le Saint-Sépulcre & l'Egliſe du Calvaire.

Jeſus, avant d'être trahi, enſeigna à ſes Diſciples, ſur le mont des Oliviers, l'Oraiſon Dominicale; il voulut qu'elle fût prononcée pour la premiere fois ſur la montagne où il devoit prier lui-même. Cette inſtitution étoit trop belle pour qu'on dût négliger de marquer le lieu où elle fut tranſmiſe: on y enfonça une colonne que j'ai vu encore exiſtante; ſon extrêmité paroît un demi-pied au-deſſus de la terre. On y a bâti un Oratoire, dont on voit les fondemens; les Chrétiens y alloient réciter la Priere Dominicale avec d'autant plus de joie, qu'ils eſpéroient qu'elle feroit mieux accueillie dans le lieu où elle fut compoſée. Ceux d'aujourd'hui y vont prier avec la même ferveur, & ſe retirent auſſi contents de cet acte de religion, qu'humiliés de voir ce lieu dépouillé d'ornemens: le Turc n'y a point bâti de moſquée, & paroît le reſpecter.

Près delà eſt une Grotte bâtie en voûte, où les Apôtres compoſerent le Symbole de la Foi. Cet édifice reſſemble à un dôme, & eſt orné de dix-huit colonnes. A deux cents pas de cet endroit on remarque le lieu où Jeſus s'arrêta le jour qu'il étoit parti de Betphagé pour faire ſon entrée à Jéruſalem; c'eſt là qu'il contempla cette ville,

& qu'il versa des larmes sur le sort qu'elle auroit. Cette expression de tendresse fut publique, sans que la cause en fût connue à ceux qui étoient présens; ses Disciples furent les seuls dépositaires du secret. L'Eglise naissante, trop foible encore pour bâtir de superbes édifices, se contenta de signaler ce lieu par un petit Oratoire qu'elle y éleva: les murs qui s'étoient délâbrés furent réparés par les Turcs, qui en ont fait une mosquée. Les Chrétiens, à qui l'entrée en est défendue, se tiennent hors de l'enceinte lorsqu'ils viennent réciter l'Evangile, & les prieres consignées dans cette station.

Le nouveau Roi de Jérusalem suivi du peuple Juif, qui tapissoit de fleurs & de manteaux les lieux où il devoit passer, étant descendu de la montagne des Oliviers, passa le torrent de Cedron sur un petit pont, & delà entra dans le Temple par la porte d'Or, qui est maintenant fermée. Les pierres énormes qu'on voit à ses côtés, & celles qui composent le mur oriental de la ville & du temple, font croire à ceux qui les confidérent avec des yeux attentifs, que ce font des parties de l'ancien mur qui entouroit le temple de Salomon.

Je fuis, &c.

LETTRE XCVI.

A Jérusalem, de la Grotte où Jésus sua sang & eau.

M.

LE divin Fils de Marie étoit accompagné de trois Disciples lorsqu'il vint au jardin de Gethsemani; les autres étoient restés à la maison de campagne, qui portoit le même nom. Ce jardin est au pied de la montagne des Oliviers, voisin du torrent de Cédron & de la vallée de Josaphat; il a soixante pas en carré. Parmi les oliviers qui couvrent son étendue, on en remarque huit qui sont très-vieux; leur prodigieuse grosseur donne à ces arbres l'air d'une grande antiquité. Un Santon, qui en est le propriétaire, en vend les fruits aux Chrétiens, qui font des chapelets de leurs noyaux; au centre de ce jardin est un rocher qui indique le lieu où les trois Disciples se reposoient lorsque leur Maître alloit faire ses prieres dans la grotte voisine, où il sua sang & eau. Cette grotte, située au septentrion, est peu éloignée du jardin des Oliviers; elle a environ trente pieds de long, & vingt-huit de large. Sur le haut de sa voûte est une grande ouverture qui lui donne le jour; trois grands pilastres brutes formés du même rocher, soutiennent son toit. Trois autels dressés par les Latins, les Arméniens & les Grecs, occupent différens espaces : j'ai dit la Messe dans celui des Catholiques. Jesus-Christ se retirant de cette grotte le soir qu'il devoit être trahi, retourna au jardin de Gethsemani, vers le lieu où il avoit laissé ses Apôtres; il les réveilla & blâma leur indifférence; son heure approchoit, & Judas n'étoit pas loin : à quinze pas delà est marqué le lieu où ce traître, escorté de soldats, vint signaler sa trahison par le baiser qu'il lui donna. Cette perfidie commise dans les ténèbres fut le flambeau qui guida les mains des satellites, &

Jesus en éprouva toute la violence. Il fut pris, & on l'attacha avec des cordes ; on le fit sortir du jardin par un sentier étroit, qui est aujourd'hui muré par les côtés, & on le conduisit au torrent de Cédron. Divers Historiens ont dit qu'il y signala son passage par l'empreinte de ses pieds.

Je suis, &c.

LETTRE XCVII.

A Jérusalem.

M.

LEs différens endroits où Jesus fut conduit lorsqu'il eut passé le torrent de Cédron, offrirent un champ libre au zele des Chrétiens. Les palais d'Anne, de Caïphe, d'Hérode & de Pilate, où il subit des interrogatoires & des mauvais traitemens, ne furent pas plutôt déserts & abandonnés, qu'on y construisit des autels & des chapelles, auxquelles sainte Hélene donna une plus grande élévation. Les cérémonies de la Religion chrétienne y furent pratiquées avec l'appareil de la plus noble simplicité ; mais de sanglantes guerres en ayant interrompu le cours, il n'y restoit que les murs témoins de ces exercices. Ces édifices ayant subi la loi des conquérans, on y vit le Croissant pendant que les Mahométans en furent les maîtres. Ces lieux sont à présent entre les mains des Chrétiens: les Pélerins étrangers qui viennent les visiter, se retirent édifiés du zele avec lequel on les garde. Cependant l'Eglise qu'on avoit bâtie dans le palais de Pilate, n'est plus servie par les Chrétiens, les Gouverneurs Turcs l'ayant choisie pour leur usage: il ne reste aux Fideles que la consolation d'en aller visiter les murs. On y voyoit du temps de Boniface le voyageur, une peinture représentant Pilate en conversation avec J. C. Ceux qui y sont venus postérieurement, y ont vu quelques restes de peintures défigurées : je n'y ai apperçu que les murs de l'Eglise. La Chapelle bâtie sur le Prétoire est voûtée, & pavée de pierres de marbre; sa longueur est de trente pieds, & sa largeur de vingt. Vis-à-vis la porte est une niche qui marque la place du tribunal où Pilate étoit assis lorsqu'il faisoit ses interrogatoires ; à quelques pas plus loin est un cabinet éclairé d'une fenêtre, qui regarde la place du temple de Salomon.

Le palais de Pilate que le Gouverneur Turc habite encore aujourd'hui, est situé dans la grande rue qui traverse la ville du levant au couchant. On y monte par un escalier composé de dix ou onze marches, qui donnent l'entrée dans une cour de vingt pas en carré ; à droite est une longue galerie voûtée, soutenue par des piliers de pierres, qui conduit à la salle du Prétoire : on compte cent vingt pas de ce palais à celui d'Hérode, où Jesus fut envoyé. Ce prince peu satisfait de ses reproches, le renvoya après l'avoir revêtu d'une robe blanche. Pilate touché de son innocence vouloit le délivrer ; & comme si l'affranchissement d'un supplice devoit commencer par un autre, il ordonna de le flageller. Le lieu où cet ordre barbare fut exécuté est hors du palais ; il consiste en une salle de vingt pieds en carré : des petites colonnes de marbre blanc indiquent l'autel que les Chrétiens y avoient construit : les Turcs en ont fait une écurie, & j'y trouvai des chevaux.

Le Fils de l'Homme ayant subi ce

supplice fut ramené à Pilate, qui le produisit au Public sur le haut d'une galerie qu'on nomme Arc de Pilate : ce Préteur espéroit que la populace seroit satisfaite; mais bien loin d'être attendrie, elle s'écria *tolle*, *crucifige* : ces mots furent gravés par les Chrétiens sur une arcade dont j'ai parlé, qui a environ vingt pieds de hauteur, deux toises de largeur, & huit à neuf pieds de profondeur.

Je suis, &c.

LETTRE XCVIII.

A Jérufalem.

M.

LA maifon du Gouverneur de Jérufalem eft le centre où aboutiffent la voie de captivité & la voie douloureufe. La voie de captivité, qui commence au mont des Oliviers, & qui finit à la maifon de Pilate, a dans tous fes circuits un mille de longueur. La voie douloureufe a un mille trois cent vingt-un pas communs d'un pied & demi chacun ; favoir, vingt-fix depuis le palais de Pilate jufqu'où Jefus commença de porter fa Croix, foixante pour arriver où la fainte Vierge, accompagnée de S. Jean, vint au devant de lui, & quatre-vingts jufqu'où il fuccomba. A foixante-onze pas de cet endroit eft le carrefour où on ordonna à Simon Cyrenéen de l'aider à porter la croix de cette place : on en compte cent quatre-vingt-dix jufqu'au lieu où la pieufe Véronique le vit paffer, & trois cent trente jufqu'à la porte judiciaire : puis en allant vers le lieu où il parla aux femmes qui pleuroient, on compte trois cent quarante pas ; & delà jufqu'au pied de la montagne du Calvaire, cent foixante. A dix-huit pas de ce lieu il fut baffoué ; à peu de diftance il fut cloué, & à quatorze pas de ce dernier endroit on l'éleva fur la Croix, qui fut plantée dans le rocher. Je fais que plufieurs voyageurs ne fe font pas accordés dans la mefure de la voie douloureufe ; mais il ne m'étoit pas poffible de mefurer l'étendue de cette voie avec le compas, il eût été à craindre que cette démarche ne fût prife par les Turcs fpectateurs pour un projet d'ufurpation ; il étoit prudent de ne pas s'expofer aux effets de cette opinion. Le feul point où il ne paroît pas que les Hiftoriens ayent varié, c'eft dans la narration des faits & des monumens qui les ont confacrés ; cette uniformité avoit fa fource dans la publicité, qui ne pouvoit être changée, & qui étoit indépendante de leur opinion. Une grosse colonne de neuf pieds de longueur marqua le lieu où N. S. tomba accablé du poids de la Croix ; elle est aujourd'hui renversée. Une chapelle consacra l'endroit où Marie, assistée de quelques femmes pieuses, s'étoit arrêtée pour voir passer son Fils couronné d'épines : la pierre sur laquelle elle s'étoit placée fut honorée. On appelloit cette chapelle Notre-Dame de *Spasme*, & on y célébroit la douloureuse angoisse d'une Mere spectatrice des mauvais traitemens qu'on avoit fait éprouver à son Fils. Les Chrétiens forcés d'abandonner ce sanctuaire aux Musulmans, eurent la précaution d'emporter la pierre précieuse, qu'ils placerent dans l'Eglise du Saint-Sépulcre ; mais les Chrétiens d'aujourd'hui n'ont pu me la faire distinguer.

La porte judiciaire étoit celle par où on faisoit passer les criminels qu'on menoit au Calvaire pour y subir le supplice auxquel ils étoient condamnés. Elle étoit appellée *ancienne* par

Néhémie; c'est une des limites de l'ancienne ville; c'est à cette porte qu'on faisoit la lecture de la sentence de mort, & le décret en étoit affiché sur une colonne qui est à ses côtés. Son antique structure existe, & paroît jointe à quelques restes des murs de l'ancienne ville; elle est murée, & on va maintenant au Calvaire par une petite porte voisine de la premiere, en suivant une longue rue, au fond de laquelle on voit une superbe Eglise, que les Fideles visitent avec la plus grande piété.

Je suis, &c.

LETTRE XCIX.

LETTRE XCIX.

A Jérusalem.

M.

JESUS-CHRIST, après avoir été crucifié sur le mont Golgotha, fut embaumé selon l'usage des Orientaux, & déposé dans un sépulcre peu éloigné du lieu de son supplice. Ses Disciples l'ayant vu ressuscité trois jours après sa mort, ne manquerent pas de visiter le sépulcre, où il n'étoit plus ; & les Chrétiens alloient verser dans ce tombeau des larmes de joie, dont cette résurrection étoit la cause. Durant le cours de cette piété, les Romains ayant Titus pour chef vinrent porter la désolation dans la ville de Jérusalem ; les Juifs furent massacrés, les femmes furent exilées, & le feu acheva de consumer les édifices qu'on avoit renverfés. La cruauté de ces Européens n'alla pas jufqu'au Calvaire, qui étoit hors des murs de la ville: cette montagne qui n'offroit que des croix & des rochers, n'attiroit ni la curiofité ni la vengeance; les Juifs étoient les feuls à qui elle dût caufer de l'envie: auffi cacherent-ils ce qu'ils purent déplacer, & enfevelirent les Croix dans un lieu profond. Le Sépulcre taillé dans le roc réfifta à leurs efforts, & ne put être changé de place; il fervoit déja d'Oratoire aux Chrétiens, dont le nombre alloit croiffant, & qui y dépofoient les fentimens les plus intimes de la vraie Religion.

Adrien qui crut s'honorer en donnant une nouvelle forme à la ville, enferma dans fon enceinte le mont Golgotha qui n'y étoit pas. Les nouveaux habitans, & fur-tout les Juifs, voyant avec peine la vénération que les Chrétiens avoient pour ce lieu ifolé, imaginerent un moyen de les en dégoûter. On plaça fur le Saint-Sépulcre l'idole de Jupiter, & celle de Vénus fur le lieu où la Croix avoit été plantée. Cependant ces idoles muettes rappelloient ce qu'on vouloit faire oublier. Le culte profane qu'on leur adressoit ne put enlever aux Juifs le souvenir de l'attentat qu'ils avoient commis, ni aux Chrétiens le respect pour le tombeau de leur divin Législateur; c'est parmi les rochers de cette montagne que les Chrétiens firent entendre leurs gémissemens. Leur tendresse, bien loin de s'attiédir à la vue des idoles, se ranimoit par la douleur de voir le profane s'élever sur le sacré; leurs sentimens de religion, joints à ceux de la reconnoissance, s'exprimoient avec force, & maintinrent l'exercice de leur culte extérieur jusqu'à ce qu'un temps plus favorable vint lui donner un plus grand éclat : la gloire en étoit réservée à Constantin. Cet Empereur s'étant rangé sous l'étendard de la Croix, favorisa tout ce qui en augmentoit la vénération. Il ordonna que le mont Golgotha fût entouré d'une Eglise, où les Chrétiens pussent exercer solemnellement le vrai culte. Hélene, sa mere, vint à Jérusalem faire exécuter cet ordre; sa présence & ses dons particuliers accélererent la construction de l'édifice. Ayant renversé les idoles placées sur le Saint-Sépulcre & dans les autres lieux, elle fit fouiller aux environs du Calvaire dans les lieux indiqués par un Juif appellé Judas, qui avoit appris de ses ancêtres l'endroit où les trois croix furent cachées. Ce Juif, qui craignoit les reproches de sa nation, ne consentit à le montrer que lorsqu'il y fut contraint par les menaces de la Souveraine; il découvrit le mystere en tremblant, & des Chrétiens zélés enleverent la terre qui couvroit le dépôt. Les trois croix étant trouvées, on ignoroit laquelle devoit être honorée. Sainte Hélene, impatiente d'adresser ses vœux à celle qui méritoit des hommages, fit porter sur le lieu une personne atteinte d'une maladie incurable: on la reposa successivement sur deux croix, & son mal ne fut pas guéri; mais dès qu'elle eut touché la troisieme, elle se leva avec courage, & sa fiere contenance mêlée de surprise & de joie, annonça sa guérison aux spectateurs. Le bois de la Croix qui avoit opéré cette merveille, fut distingué; on le conserva comme un monument sacré : on en porta dans les différens climats de l'Asie & de l'Europe. Les capitales de ces régions se glorifierent d'en avoir quelque partie ; Rome & Jérusalem garderent les plus grandes ; celle qui est à Jérusalem fut enfermée dans un lieu secret de l'Eglise, comme dans un trésor caché où il étoit défendu de mettre la main. Il étoit juste que cette ville, devenue le berceau des Chrétiens, fût très-jalouse de conserver les signes de notre Rédemption qu'elle avoit vus la premiere.

*Sainte Hélene fit prolonger les murs de l'Eglise qui investissoit le mont Golgotha, jusqu'au delà du lieu où la vraie Croix fut trouvée. Ce Temple à peine fini, fut consacré l'an 335 de l'Ere chrétienne : sa magnificence étoit remarquable par son étendue, par les marbres, les jaspes & les porphyres dont il fut revêtu ; mais les dons & les pierreries de Constantin lui donnerent plus d'éclat. Les Chrétiens qui venoient en foule le visiter, étoient éblouis de cette magnificence. Cependant sa beauté souffrit quelque altération vers le septieme siecle, à l'occasion des guerres qu'Omar & le Calife d'Egypte susciterent aux Jerosolimitains. Cette Eglise fut dépouillée de ses plaques de marbre ; on enleva ses pierres précieuses & d'autres riches ornemens. Godefroy de Bouillon vint vers le dixieme siecle dans cette ville, mais trop tard, pour lui faire rendre les richesses qu'elle avoit perdues ; il répara la dégradation que les murs avoient soufferte : mais la piété de saint Louis, qui y arriva au douzieme siecle, couronna de ses dons cette restauration. Ce Temple a eu divers noms ; on lui a donné celui de la Nouvelle Jérusalem de *Martiryon*, mot qui signifie le témoignage de la Résurrection de Notre Seigneur, de Basilique de Constantin, d'Eglise du Saint-Sépulcre. C'est ce dernier qu'il garde, & dont je vous donnerai la description dans la suivante.

Je suis, &c.

LETTRE C.

A Jérusalem, de l'Eglise du Saint-Sépulchre.

M.

UNE cour pavée de pierres polies s'offre devant l'Eglise du Saint-Sépulcre. Les prisons de la ville, le logement des Arméniens & des Grecs forment son carré long. A un des côtés est une tour carrée, divisée en trois étages, ornés de petites colonnes & de fenêtres : c'étoit le clocher de la Religion Chrétienne lorsqu'elle étoit dominante : vis-à-vis est un escalier de neuf degrés, par lequel on va à un Oratoire bâti sur le lieu d'où Marie, Jean, & quelques femmes dévotes, furent témoins des dernieres souffrances du Sauveur. Au-dessous est un autel servi par les Abyssins ; il est situé dans la place où sainte Marie Egyptienne s'affligeoit, lorsque l'entrée de l'Eglise lui fut refusée. Au fond de la cour est la porte de l'Eglise; six colonnes placées à ses côtés marquent sa grandeur, & l'architecture en dévoile l'antiquité. Deux Janissaires en sont les concierges, ils n'ouvrent la porte que lorsqu'ils sont payés, ou qu'ils en reçoivent l'ordre du Gouverneur; le prix de l'entrée est réglé sur la fortune qu'on suppose aux pélerins; on exige la premiere fois un, deux sequins, & quelquefois davantage, mais on peut y rentrer ensuite pour une modique somme : cependant je n'ai point payé de passage, parce que selon les anciens capitulaires reçus chez les Turcs, les Prêtres Romains sont affranchis de cet impôt : le fermier informé de mon caractere ne me le demanda pas.

Dans cette porte est un guichet par où l'on passe les alimens & les autres objets nécessaires aux pélerins & aux Ministres logés dans les côtés de l'Eglise : ce temple est fait en forme de croix. Le Saint-Sépulcre & la chapelle bâtie sur le lieu où la vraie Croix fut trouvée, font aux extrêmités de la longueur; les chapelles du Calvaire & de l'Apparition en forment les bras: il est long de cent vingt pas, large de cent, & haut d'autant; le toit est de plomb, & la charpente qui le soutient est de cédre; il n'a de jour que celui qui lui vient du haut de la voûte.

Le premier objet qu'on voit dès qu'on est entré dans la Basilique, est une pierre blanche large de deux pieds, & longue de sept; on l'appelle *Pierre-d'Onction*, parce qu'elle couvre celle où Jesus fut oint. On mit cette enveloppe à la premiere pour la garantir des altérations qu'elle auroit souffertes : une balustrade de fer empêche qu'on ne marche dessus; elle est éclairée par huit lampes de vermeil; la plus belle de toutes est celle que donna saint Louis, Roi de France : on remarque avec satisfaction que la piété des Souverains de ce Royaume s'est toujours distinguée par la magnificence de ses dons. A quatre pas de distance sont trois ou quatre tombeaux de marbre, adossés aux côtés du Chœur, possédé par les Grecs ; leur sépulture est si altérée, qu'il ne m'a pas été possible d'en lire les inscriptions. Les sépulcres de Godefroy de Bouillon & de Beaudouin, sont mieux conservés, ils sont placés sous le Calvaire, à l'entrée de la Chapelle de saint Jean l'Evangéliste. On lit sur le premier cette inscription : *Hic jacet inclitus Godifridus de Bullion, qui totam istam terram acquisivit cultui christiano ; cujus anima regnet cum Christo. Amen.* Et sur le second celle-ci : *Rex Balduinus, Judas alter Machabæus, spes patriæ, vigor Ecclesiæ, virtus utriusque, quem formidabant, cui dona & tributa ferebant Cedar & Ægyptus, Dan ac homicida Damascus. Proh dolor ! in modico clauditur hoc tumulo.* Ces sépulcres, portés sur quatre colonnes d'un pied de haut, ont sept pieds de long. Tournant à droite, & après avoir quitté ses souliers, on monte par un escalier de dix-huit degrés sur le haut du Calvaire ; on marche sur la platte-forme de cette montagne, érigée en chapelle : elle a six toises en carré. Un gros pilier placé au milieu soutient la voûte, & des pierres de marbre poli composent le compartiment & le pavé: les jaspes & les porphyres en varient le dessein. Diverses peintures contribuent à l'embellissement de ce Temple. La place où Jesus-Christ fut étendu & cloué sur la Croix, se distingue dans ce pavé, par un carré long d'environ sept pieds; le sang y coula très-abondamment, & cette effusion est marquée par les pierres de porphyres & de jaspes, qui représentent mieux que les autres pierres la couleur du sang. Toutes les fois que j'allois visiter ce saint lieu, j'y voyois des Arméniens & des Grecs prosternés le visage contre terre, poussant des cris lamentables; mais les gémissemens des femmes que j'y trouvai, étoient plus touchans. Ce spectacle dura très-longtemps, mais à onze heures du soir il devint plus vif, & par la clarté des lampes allumées, & par le libre cours que donne aux expressions du chœur le silence de la nuit. Lorsque ces pieux adorateurs avoient fini leur profonde méditation, ils alloient à quelques pas delà, vers le trou où la Croix fut plantée, déposer les derniers signes de leur tendresse, & jamais ils ne se retiroient sans les avoir versé dans la cavité du rocher, qui en étoit la dépositaire. Ce trou a huit pouces de circonférence, trois de diametre, & sept de profondeur; il est revêtu de plaques d'argent: la place qui l'environne est ornée de tables de marbre gris & blanc, longue de sept pieds & large de cinq; on y voit trois autels, on célebre la messe dans ceux qui sont à droite & à gauche, mais jamais dans celui qui est derriere la cavité; le rocher se fendit lorsque Jesus expira: cette fente a cinq pieds de long & un & demi de large. Les trois Croix élevées sur le Calvaire étoient rangées en forme de triangle, celle du Rédempteur étoit à l'angle le plus aigu. Deux petites colonnes marquent les lieux où les deux autres furent placées; celle du bon Larron étoit à quatre pieds & demi de la Croix de notre Sauveur, & l'autre en étoit éloignée de six: près de la colonne du bon larron est une petite porte par où les Grecs vont dans leurs cellules.

Le plafond & les murs de la Chapelle du Calvaire font revêtus de mosaïques, dont la fumée des lampes a noirci le coloris.

Je suis, &c.

LETTRE CI.

A Jérusalem, du Saint-Sépulcre.

M.

LE pélerin descendu du Calvaire reprend ses souliers, & allant à droite par une allée de six pas de large, qui fait le tour du chœur, il laisse à côté les chapelles d'Adam, de l'Impropere & de la Division; il y entre s'il veut. Dans la premiere est une large fente du rocher qui tient au Calvaire, mais on n'y voit point l'époque qui a valu à cette Chapelle le nom d'Adam : dans la seconde est un fragment de colonne de trois pieds de hauteur, on la touche en passant la main dans le trou d'un grillage de fer qui la sépare de l'autel ; elle est gardée comme un témoin des injures que Jesus-Christ souffrit lorsqu'il étoit appuyé sur elle : la troisieme marque le lieu où les soldats partagerent la tunique & les habits du Pontife de la nouvelle Loi. Plus loin, & en suivant la même allée circulaire, on trouve encore trois Chapelles assez éloignées les unes des autres; on a donné à la premiere le nom de Longis, parce qu'elle est située dans l'endroit où cet homme vint s'affliger du coup de lance qu'il avoit donné à Jesus suspendu en croix; son repentir fut amer, & ses remords encore plus, puisqu'il embrassa la Religion Catholique, & en devint un zélé sectateur.

Une voûte carrée forme la seconde : entre les murs & les colonnes de l'autel est un passage étroit, que les Grecs se plaisent à traverser, malgré la gêne qu'ils éprouvent. Les hommes gras & épais sont quelquefois forcés de s'arrêter au milieu du défilé, sans pouvoir avancer ni reculer : cette contrainte les étoufferoit, si on ne se hâtoit de les en retirer à force de bras; les Arméniens & les Latins vont pieusement faire leurs stations dans l'endroit où Jesus fut insulté & maltraité.

La derniere est la chapelle de l'Apparition, qui a quarante pieds de long & vingt de large: elle appartient aux Catholiques, l'office y est chanté la nuit & le jour; on y voit trois autels, celui du Saint-Sacrement est au milieu. Près de celui qui est au côté droit, est un tronçon de colonne de marbre d'un rouge brun qui a dix huit pouces de hauteur; c'est un reste de la colonne de la flagellation. Des voyageurs y ont remarqué des gouttes de sang que je n'ai pu distinguer: je l'ai pourtant vu imprégnée de quelques taches rouges, mais sa position obscure, & la grille qui la tient éloignée de la vue, ne m'ont pas permis d'en discerner les vraies nuances; on fait toucher à cette colonne les chapelets attachés à l'extrémité d'un bâton qu'on passe par un trou du grillage. L'autel qui est à gauche est dédié à la vraie Croix, dont les Armeniens gardent un morceau dans leur sanctuaire. On y distingue le lieu où Jesus ressuscité apparut à la Sainte Vierge. La magnificence des dons de saint Louis & des autres Rois de France se montre à la Sacristie dans des calices d'or chargés de pierreries, & dans d'autres ornemens qui servent aux fonctions augustes du Ministere. Les Récollets, qui en sont maintenant les dépositaires, ont succédé aux Prêtres séculiers, à qui la garde en étoit confiée ; ceux-ci avoient le titre de Chanoines ; mais ce corps ecclésiastique fut massacré dans les guerres que les Chrétiens eurent à soutenir contre les Infideles. Le malheur des temps a été cause qu'on n'a plus pensé à leur rendre les fonctions dont ils étoient auparavant chargés ; les mêmes fléaux de guerres n'étant plus à craindre dans ce climat, on y peut pratiquer les cérémonies de l'Eglise.

En sortant de cette Chapelle, on trouve à la gauche un petit Autel dédié à sainte Magdeleine ; il est servi par les Maronites. Assez près delà sont les deux places qu'occupoient Magdeleine

& le Sauveur reſſuſcité, lorſqu'il ſe montra à cette pénitente. Elles ſont marquées par deux pierres rondes de marbre blanc enchaſſées dans le pavé, & éloignées de trois pieds l'une de l'autre : la plus grande, qui a vingt-quatre pouces de circuit, déſigne la place de Jeſus-Chriſt, & eſt environnée de jaſpes & de porphyre : celle de la Magdeleine eſt plus petite. Toutes deux ſont éclairées par trois lampes d'argent. A vingt pas delà eſt une allée de deux toiſes & demie de long, qui conduit à la porte du Saint-Sépulcre, placé au milieu de la Rotonde. Ce monument ſacré eſt à quarante-un pas du premier degré du Calvaire; la pierre d'onction ſituée dans l'intervalle de cet eſpace en eſt à quinze pas, & à vingt-ſix du Saint-Sépulcre.

On entre enſuite dans un ovale de vingt-ſept pieds de circonférence, qu'on appelle la Chapelle de l'Ange; la pierre où il ſe repoſoit pour veiller à la garde du Saint-Sépulcre, a un pied carré de ſurface, & quatorze pouces d'épaiſſeur; à un pas delà eſt la porte du

Saint-Sépulcre, haute de trois pieds, & large de deux & demi : en entrant vous trouvez un corridor de deux pieds de large & de quatre de long. A droite est le vénérable tombeau, long de six pieds, large de deux, & haut de deux & demi ; il est revêtu de pierres blanches bien polies, sur lesquelles est dressé un Autel pour y célébrer la Messe : trois petits trous pratiqués sur le haut de la voûte, donnent issue à la fumée que répandent dix sept lampes toujours allumées ; la chaleur qui s'y concentre, n'affoiblit point le zele des Fideles. Je venois d'en faire l'épreuve, lorsque je vis arriver à huit heures du soir dans l'Eglise environ quatre cents pélerins Arméniens de tout âge, tant hommes que femmes formant deux haies. Les Janissaires placés aux ailes de la procession, marchoient avec gravité, & paroissoient faire l'office de Maîtres de cérémonies : les Chrétiens portoient chacun un cierge allumé; leur Ministre, qui terminoit la marche, tenoit une croix dans ses mains : ils se rangerent tous autour du S. Sépulcre, & personne n'y entra. Le Prêtre qui étoit devant la porte, prononça un difcours pathétique : lorfqu'il eut fini, ces étrangers quitterent leurs brodequins & leurs pantoufles, & fe difpoferent à faire leur entrée : un bruit confus fe fit entendre ; on fe frappoit la poitrine, & le nom divin étoit fouvent répété ; mais bientôt la fcene devint attendriffante ; on n'entendoit que des cris plaintifs & des gémiffemens : on les voyoit les mains levées au Ciel, & tout-à-coup ils fe profternoient à terre : le fentiment de chacun s'exprimoit à raifon de fa vivacité. Celui des hommes fe manifeftoit par des tons forts & bruyans, la douleur & la joie s'y peignoient tour à tour : le petit intervalle où ils ne difoient rien, étoit rempli par les accens affectueux & tendres des femmes. Cette alternative donna un grand mouvement à la fenfibilité, mais lorfque les fanglots des deux fexes fe rencontroient, la commotion étoit plus forte ; il falloit avoir un cœur de rocher pour n'en être pas ému : ces expreffions d'une douleur pieufe durerent une heure, & chacun en porta l'hommage dans le sacré dépôt qu'il visita.

Je suis, &c.

LETTRE CII.

A Jérusalem, du Saint-Sépulcre.

M.

Deux galeries l'une sur l'autre forment la rotonde où est placé le Saint-Sépulcre. La premiere est composée de six pilastres & de quatorze colonnes de marbre, ayant chacune onze pieds environ de circonférence : elles sont appuyées sur des piédestaux de quatre pieds de hauteur & de quatre d'épaisseur. Le vuide des arcades qui les séparent, est de huit pieds. La seconde galerie soutenue par la premiere, s'éleve jusqu'à la plate-forme du couvert; elle est ornée de huit colonnes qui marquent les arcades, & de douze piliers carrés, dont chaque face en a quatre; l'allée de cette galerie a huit pas de largeur; on y voit des figures en mosaïque qui représentent sainte Helene, Constantin & les douze Apôtres : le circuit de la rotonde est de cent soixante-douze pieds. Sous les galeries sont deux Chapelles servies par les Cophtes & les Syriens ; à leur côtés est une grotte, où deux tombeaux sont renfermés ; on dit que Nicodeme & Joseph d'Arimathie y furent déposés. A quinze pas delà est une grande pierre ronde que les Arméniens gardent comme un monument qui indique la place où la Sainte Vierge étoit lorsque son divin Fils fut embaumé : assez près delà est un petit escalier par lequel ces Religieux montent sur la galerie, où ils ont leur demeure ; c'est-là qu'ils chantent l'Office dans une Chapelle ornée de trois Autels.

Le chœur de l'Eglise est possédé par les Grecs ; il a cent pieds de long & dix-huit de large ; il est situé entre le Calvaire & la Chapelle de l'Apparition ; on y entre par trois portes. Le bois qui couronne les stales du Chœur, est sculpté & doré : le Sanctuaire fermé par une balustrade, se distingue par le Maître-Autel & par trois Siéges patriarchaux. On monte dans celui du milieu par fix degrés, il eft réfervé au Pape; les deux autres aux Patriarches d'Alexandrie & de Conftantinople; on y monte par quatre degrés. Les deux Siéges placés hors de la baluftrade font pour les Patriarches d'Antioche & de Jérufalem. Derriere le Sanctuaire & le bois du chœur, eft une allée qui donne entrée dans un efcalier de vingt-neuf marches, par où l'on defcend à la Chapelle de fainte Helene, qui a foixante pieds de long., & vingt-fix de large; l'Autel eft orné d'une coupole & de quatre colonnes de marbre: delà on defcend onze marches pour arriver à l'endroit où la vraie Croix fut trouvée. Un Autel éclairé de plufieurs lampes, entretenues par les Grecs & les Latins, eft dreffé dans un efpace de vingt-cinq pieds de long, & de vingt de large.

Les faints lieux de cette Eglife font vifités chaque jour par les Catholiques ; leur proceffion commence à la Chapelle de l'Apparition ; elle paffe fucceffivement dans celles des côtés de

l'Eglife,

l'Eglife, en chantant des hymnes, & après s'être arrêtée plus long-temps dans la Chapelle où la Vraie-Croix fut trouvée, elle va au Calvaire, & en defcend pour aller faire fa ftation à la Pierre d'onction & au Saint-Sépulcre; puis elle va finir fon cours dans le lieu d'où elle étoit partie, & y réciter les litanies de la Vierge. Une douzaine d'enfans âgés de quatorze ans les chantent quelquefois : leurs tons perçans & fonores, joints aux modulations d'un chant fimple & affectueux, donne à cette priere une énergie qu'il eft difficile d'exprimer.

Le chant des Grecs, des Arméniens & des Cophtes, fe fait entendre dans cette Eglife la nuit & le jour, à des heures réglées. Les Latins repréfentés par les Recollets y chantent les Matines à onze heures du foir, & s'occupent le jour des autres fonctions de leur miniftere. Le chant des Grecs eft moins rapide que celui des Francifcains, & reffemble à celui qu'on entend dans les fynagogues des Juifs. Les Arméniens commencent le leur à la suite des Grecs, & on ne peut concevoir comment leur troupe, composée de six personnes, peut produire un chœur aussi bruyant, aussi soutenu, qui dure trois ou quatre heures sans discontinuer ; les sons de leur voix ne sont point naturels, & le gosier leur en fournit de particuliers auxquels on a de la peine à s'accoutumer. Les Grecs & les Arméniens ne disent qu'une Messe par jour dans leurs Chapelles ; les Cophtes & les Grecs la célebrent avec du pain fermenté, & les autres avec des azimes ; les premiers mettent l'eau & le vin dans le calice, les Arméniens n'y veulent que le vin. Les Cophtes sont beaucoup plus longs dans leur Messe que les Grecs & les Arméniens ; chacun a une maniere singuliere d'inviter les Fideles ; les Grecs frappent avec le marteau une piece de corail ou de noyer suspendue par des cordes : les grands coups marquent les solemnités, & les petits l'instant où l'on va faire la cérémonie : les Arméniens ajoutent à cet instrument un triangle d'acier, lequel distingue leurs fêtes particulieres.

Les Cophtes se servent d'un vase d'airain ayant des anses au couvercle & aux extrêmités.

Les Grecs mettent beaucoup de pompe à la préparation de la Messe, & portent un grand respect au pain & au vin, lors même qu'ils sont encore sur l'Autel de la Prothese : ce zele se remarque jusques dans les prieres que le Prêtre récite lorsqu'il s'habille, qu'il lave ses mains, & lorsqu'il se prosterne devant l'Autel de la Prothese, pour demander à Dieu la pureté du cœur. Après avoir invité le peuple à prier pour lui, il vient à l'Autel du sacrifice, qu'il baise à droite, à gauche & au milieu, adorant Dieu, & donnant des louanges à la Trinité, en l'honneur de laquelle il offre l'encens.

Les Arméniens, aussi fervens que les Grecs dans l'action du sacrifice & dans ce qui le précede, y ajoutent une cérémonie qui a plus d'éclat. Lorsque le Prêtre a commencé la Messe, & a récité les prieres consacrées dans la Liturgie, le Diacre, assisté de deux Acolytes, quitte l'Autel pour aller à la Sacristie y prendre le pain & le calice couvert d'un voile ; il les porte en chantant des hymnes, & ses assistans, armés de deux bâtons, élevent sur sa tête un parasol de papier doré, garni de grelots, dont le bruit ne cesse que lorsque le Diacre a rejoint le Prêtre, & qu'il lui a remis les dons qu'il attendoit.

Les cérémonies des Cophtes sont plus longues & plus multipliées. Depuis le commencement jusqu'au milieu, le Prêtre encense l'Autel, le Sanctuaire, le Livre de la Messe, & les objets de la consécration, chantant toujours des prieres. Lorsqu'il est à l'Offertoire, il prend un petit pain fait en forme de galette, d'un doigt d'épaisseur & d'un pouce & demi de diametre ; il le met sur une large patene d'or faite en forme d'écuelle sans anse, puis il verse le vin & l'eau dans le calice placé au milieu de l'Autel ; il couvre l'un & l'autre d'un voile ; il encense derechef, & chante des oraisons, tandis que ses deux Clercs en chantent d'autres. Le temps de la consécration étant arrivé, il en profere seul les paroles en liturgie Arabe, & alors les deux Assistans allument des cierges, qu'ils éteignent auſſi-tôt que les deux eſpeces ont été conſacrées; l'encenſoir eſt toujours allumé, mais il n'eſt plus dans les mains du Célébrant. Avant la communion il partage le pain en pluſieurs morceaux ſur la patene ſans les ſéparer, & avec tant de précaution, que le pain ne paroît point avoir été diviſé : bientôt après il prend un morceau du milieu du pain, le trempe deux fois dans le calice où eſt le ſang, & en ayant arroſé le reſte du pain qui eſt ſur la patene, il le remet dans le calice. Il continue de chanter des prieres; ſes Clercs récitent les leurs du même ton : dans l'inſtant qu'il va communier, il montre deux fois le pain en ſe tournant vers le peuple, & en mange auſſi-tôt un morceau; il en donne au Diacre qui eſt à ſon côté, & il revient en manger; après quoi il en donne deux petits morceaux aux deux Clercs, & finit de manger ceux qui reſtent.

Il prend le calice, & avant de boire il donne trois cuillerées du vin conſacré au Diacre & à ſes deux Clercs; puis il mange le pain qui eſt dedans, &

boit ce qui reste; il lave deux fois le calice, & avale l'eau avec laquelle il l'a purifié. Ayant lavé deux fois ses doigts dans la patene, il boit une partie de l'eau, & donne l'autre à ses assistans: puis il lave ses mains & son visage, & s'étant fait verser de l'eau dans les deux paumes de la main, il la jette en haut, & après avoir passé ses mains mouillées sur le visage des Assistans, il finit le sacrifice en les essuyant.

Les Grecs & les Arméniens attribuent en partie à l'Oraison qu'ils adressent au Saint-Esprit immédiatement après les paroles de la consécration, le changement du pain & du vin au Corps & au Sang de Notre-Seigneur; ils prétendent que ces paroles, *Ceci est mon corps*, sont seulement nécessaires en ce qu'elles renferment l'histoire de l'institution de ce divin Sacrifice, & les paroles de Notre-Seigneur; mais ils attachent la consécration des mysteres, particulierement à la priere qu'ils adressent au Saint Esprit, dans laquelle le Prêtre demande à Dieu qu'il envoie son Saint-Esprit sur les dons qui lui sont offerts, qu'ils soient sanctifiés par sa présence, & changés au Corps & au Sang de Jesus-Christ. Cette Liturgie grecque a été le modele de celle des Arméniens, des Jacobites, des Syriens, & même des Maronites; ces derniers réunis depuis plusieurs siecles à l'Eglise Romaine, elevent l'Hostie & le Calice après la consécration, à la maniere des Latins, mais les Grecs & les Arméniens ne la levent qu'avant la communion. Ce qui est bien certain, c'est que toutes ces Liturgies orientales ne different point en substance des nôtres, & que leur Eglise n'a jamais varié sur la Présence réelle.

Je suis, &c.

LETTRE CIII.

A Jérusalem. De la Liturgie des Orientaux.

M.

LES Grecs & les Arméniens commencent leurs Offices par des prieres qu'ils adressent au Seigneur; l'espérance qu'ils ont d'obtenir la vie éternelle, est fondée sur le Baptême & la Communion qu'ils ont reçue. Lorsqu'ils prient pour les Morts, ils recommandent à Jesus-Christ les ames des Fideles qui ont mangé son Corps; cette oraison a quelque rapport à l'usage qu'avoient les anciens Chrétiens de mettre dans la bouche du mort le Pain euchariftique. Ils divifent en plusieurs parties les Pfaumes, & cette division est marquée par une Antienne ou par une autre priere. Leur invocation à la Vierge est exprimée de cette sorte : Que la priere de la Vierge Marie, mere de Jesus-Christ notre libérateur, nous serve de rempart nuit & jour. Les autres oraisons ne s'adressent aux Saints que par rapport à Jesus-Christ, l'unique Médiateur.

On ne doit pas croire que les Grecs, les Arméniens & les Cophtes rejettent le Purgatoire. Les conversations particulieres que j'ai eues avec eux à cet égard, m'ont convaincu du contraire : à la vérité ils ne conviennent point des lieux où les ames sont tourmentées, ni du genre de leurs tourmens, mais ils avouent qu'entre le Paradis & l'Enfer il y a pour elles un état intermédiaire, d'où elles peuvent être tirées par les prieres des Fideles ; leurs fréquentes prieres pour les Morts les justifient de l'erreur qu'on leur attribue.

Leurs Prêtres ne font pas moins les Ministres du Baptême que de la Confirmation. Ils emploient dans l'administration des Sacremens la forme optative, c'est-à-dire, celle de la priere que nous venons de rapporter.

La Liturgie des anciens Egyptiens, connus fous le nom de *Cophtes*, fixa davantage mon attention, & ma curiofité s'accrut par l'occafion que j'avois de m'en inftruire pendant les huit jours que je paffai dans l'Eglife du Saint-Sépulcre. Les différens Miniftres qui fervent ce Temple, étoient logés dans les côtés & dans les galeries; j'entrai à deux heures après midi dans la cellule du Prêtre Cophte, qui étoit ouverte : la fombre obfcurité qui y régnoit, me cacha le Solitaire, & je n'y entendis que le foufle d'un homme endormi. Cependant le bon jour que je lui fouhaitai en fa langue, le réveilla ; il fe leva brufquement, en répondant à la voix qu'il avoit entendue: femblable à celui qui les yeux bandés cherche dans une falle la perfonne qu'il entend ou qui le frappe, il étendoit fes mains çà & là pour me faifir. Je ne pus juger de la furprife que je lui caufai, que par les tons embarraffés de fa voix, & par l'empreffement avec lequel il alluma une lampe qui étoit éteinte. Son habitation me parut une grotte de dix pieds de long & de huit de large : dans cette étendue étoient un lit de paille & les petits objets de son ménage, le lieu où il faisoit cuire le pain sous les cendres chaudes, étoit distingué de celui où il assaisonnoit les autres alimens ; le ris fricassé avec du beurre & de l'oignon, le fromage & le caillé étoient les mets qu'il chérissoit le plus : ce régime frugal n'avoit pas altéré le coloris de son visage ; sa longue barbe qui cachoit une partie de ses traits, donnoit à sa figure une majesté imposante. L'interprete qui m'accompagnoit, lui parla du désir que j'avois de m'entretenir avec lui : les premiers momens de notre entrevue se passerent en civilités réciproques ; il m'offrit du vin & du caillé que je goûtai, & alors la conversation devint générale ; nous parlions des productions de nos climats respectifs. Il m'apprit que les grains, le froment, le maïs, le ris, les dattes & les autres fruits, croissoient plus vîte dans l'Ethiopie dont il étoit originaire, qu'en Europe & en Egypte ; que les épis des grains étoient mûrs aux environs de Dongola, ville de

Nubie, tandis qu'on les voyoit verds à Siéne ; que dans l'île de Méroë les feuilles des arbres étoient seches, & tombées, dans le temps qu'elles sont vertes dans la haute Egypte ; que la moisson se fait deux mois après les semailles qui commencent en Novembre : que la fertilité de ces contrées Africaines est secondée par l'influence de plusieurs fleuves ; que la Starte & la Staboras se joignant au Nil, forment l'île de Méroë, célebre par la fecondité que ces fleuves répandent dans ses terres.

Ce Prêtre Cophte me disoit, que selon une ancienne tradition de son pays, un Prince de la nation Ethiopienne devoit venir un jour soumettre l'Egypte & la Syrie à ses Loix, & qu'alors le Christianisme domineroit ces divers Etats. Cette anecdote fit tomber la conversation sur la Religion Chrétienne : nous parlâmes de ses principes fondamentaux, & avec d'autant plus d'intérêt, que nous étions dans les lieux autrefois honorés de la présence de son Fondateur.

Lui ayant exposé la croyance des Catholiques, je lui demandai quelle étoit la sienne sur l'Incarnation & la Résurrection du Verbe, sur les Sacremens & leur forme ; il me répondit que leur foi étoit celle des Catholiques, & que toute la différence des deux venoit de la maniere de l'expliquer, & de la diverse pratique de cérémonies qui n'en changeoient point la substance ; qu'il tenoit pour certain que le Saint-Esprit procéde du Pere & du Fils ; qu'ils abjuroient le Nestorianisme ; que la forme sacramentelle de leur Baptême étoit conçue en ces termes : Que tel soit baptisé du Baptême de S. Jean au nom du Pere, & du Fils, & du S. Esprit, Emmanuel ; que la plûpart joignent la Circoncision au Baptême ; que les paroles de la consécration, & tout le Canon de leur Messe est écrit & récité en Langue Arabe ; que les simples Prêtres sont les Ministres du Sacrement de la Confirmation ; qu'ils obligent les Pénitens à se confesser tous les ans, sous peine d'excommunication, & les Prêtres de huit en dix jours ; que saint Athanase est le Docteur qu'ils suivent avec plus de zele. Ayant reconnu que sa doctrine n'étoit pas tout-à-fait conforme à celle des Latins, je lui demandai pourquoi il s'en tenoit séparé ; il me dit que ce n'étoit point par mépris du Pape ni de la Religion des Apostoliques Romains ; qu'ils vivoient hors de leur Communion, mais que la vraie cause de cette séparation venoit de la distance des lieux, & de l'intérêt qui les retient dans leur indépendance. Cet homme franc & instruit me donna à comprendre que si les Ministres Cophtes trouvoient dans leur réunion avec les Latins le même intérêt qui les attache à leur schisme, ils ne balanceroient pas à se ranger sous la domination du Pape, & à reconnoître sa Primauté. Après quatre heures de conversation je quittai ce Prêtre, qui me suivit quelques pas pour me prier de le recommander aux charités du Procureur des Terres-Saintes ; je tins parole, & j'eus la satisfaction de le voir jouir des effets de ma recommandation.

Je suis, &c.

LETTRE CVII.

A Jérusalem. De la Liturgie des Grecs & des Arméniens.

M.

RIEN ne peut justifier le reproche qu'on fait aux Grecs de s'être séparés de l'Eglise Romaine ; quelques Eglises seulement y demeurent encore attachées. Le plus grand nombre des Grecs devenus schismatiques, se fit gloire de ce changement, comme un esclave de son affranchissement, & crut voir dans les liens qu'il avoit brisés l'enseigne de sa liberté ; ils donnerent à leur Eglise le nom de premiere, & traiterent de profane le culte religieux des Latins; ils se déchaînerent contre leur doctrine & ses abus ; c'est la route que suivent ordinairement les nouveaux Sectaires. Si quelque événement les rendoit maîtres d'une Eglise des Catholiques, ils se croyoient déshonorés d'y offrir des sacrifices, ils la regardoient comme prostituée : ce n'étoit qu'après l'avoir purifiée plusieurs fois pendant quarante ans, qu'ils y célébroient les cérémonies de leur Liturgie. Tous ces excès faisoient craindre qu'ils n'abolissent les dogmes de l'Eglise Romaine, mais la divine Providence ne le permit pas : le sacrifice de la Messe fut offert dans leurs temples, les sacremens de la nouvelle Loi administrés, & la morale de l'Evangile prêchée avec zele : la primauté du Pape, & la particule *Filioque*, étoient les seules causes de la division.

Il est un moyen de distinguer la croyance des Grecs modernes dans les pratiques extérieures de leur Religion.

Les Grecs prient debout, le visage tourné vers l'Orient ; le signe de la croix est le premier interprete de leurs sentimens ; ils ne commencent aucun exercice de religion qu'ils ne l'aient fait précéder. Voici comme ils le font : ils joignent trois doigts de la main droite, qu'ils portent sur le front ; ce signe désigne la Divinité en trois Personnes : ils conduisent la main au-dessous de la poitrine ; ce mouvement signifie, selon eux, quatre grands mysteres, l'Incarnation, le Crucifiement, la Sépulture & la Descente de Jesus-Christ dans les enfers : puis ils portent la main à l'épaule droite, & par-là ils entendent que Jesus-Christ est assis à la droite de Dieu : ils finissent leur croix à l'épaule gauche, qu'ils regardent comme le type de la réprobation : aussi ils demandent à Dieu, par ce mouvement, de n'être pas mis au rang des méchans, & d'être délivrés de la puissance du démon. Leurs prieres pour les Morts supposent que les ames séparées des corps sont dans un état intermédiaire entre le Paradis & l'Enfer. Les images peintes de la Vierge, placées avec distinction dans leurs Eglises, & les différentes fêtes qu'ils célebrent en son honneur, sont autant d'hommages rendus à sa virginité & à sa maternité. A Bethléhem ils gardent le lieu où Jesus-Christ est né, à Jérusalem celui où il a été crucifié & ressuscité, tout marque l'uniformité de leur croyance dans les principaux dogmes de la Religion catholique. Lorsqu'il s'agit de Sacremens, c'est toujours au nom de la Trinité qu'ils les conferent; dans le sacrifice de la Messe ils ne different des Latins qu'en ce qu'ils l'offrent avec du pain fermenté, & qu'ils attribuent pour la plupart la transsubstantiation à l'oraison que le Ministre adresse au Saint-Esprit après les paroles de la Consécration.

Ils n'attendent pas que le malade soit à l'extrêmité pour lui donner l'Extrême-Onction; il suffit qu'il soit un peu infirme pour qu'on la lui administre.

La publicité & la longueur des pénitences qu'ils imposent à ceux qui se confessent, est cause que les confessions sont rares dans leurs tribunaux.

Le Sacrement de Mariage s'administre publiquement.

Les parties contractantes s'étant rendues à la porte de l'Eglise, escortées de plusieurs parains & maraines, le Papas ou Curé exige leur consentement; il met sur leur tête une couronne de branches de vigne entrelacée de rubans & de fleurs; il va ensuite à l'autel chercher deux anneaux pour les mettre aux doigts des époux. Il donne celui d'or à l'homme, & celui d'argent à la femme. Après avoir récité quelques Oraisons il reprend ces anneaux, & les remue trois ou quatre fois dans leurs doigts. Les parains & maraines font aussi les mêmes changemens. Les époux font deux tours en rond dans l'Eglise, & pendant ce temps le Maître des cérémonies releve les couronnes à trois ou quatre pouces au-dessus de leurs têtes; le Curé prend ensuite des morceaux de pain, qu'il met dans une assiette qu'il arrose de vin, il en mange, & finit la cérémonie après en avoir donné aux Epoux, aux parains & maraines. La mariée sort de l'Eglise, & fait une promenade d'une heure à pas lents, accompagnée du son des instrumens, des tambours & des hautbois; ses parens la conduisent à la chambre de l'époux; elle s'assied au milieu de ses compagnes, le visage couvert d'un voile que l'époux vient lever d'un main tremblante.

Les Arméniens se sont tantôt unis, tantôt séparés de l'Eglise Romaine, & ont fini par ne pas reconnoître la Primauté du Pape; ils ont, comme les Grecs, des Eglises qui sont dans la communion de l'Eglise Romaine. Leur erreur capitale est de ne pas reconnoître le Concile de Calcédoine: on leur reproche l'eutichianisme; ils ne parlent que de la nature divine de Jesus-Christ comme la plus noble, & confondent en elle la nature humaine.

Ils ont tous nos Sacremens; cependant ils joignent à la profession de la Religion Chrétienne certaines pratiques de la Judaïque. Ils offrent à Dieu le sacrifice des animaux qu'ils immolent à la porte de l'Eglise; ils trempent le doigt dans le sang de la victime, & en font une croix sur leur porte: le Prêtre retient pour lui la moitié de la victime, & laisse l'autre à ceux qui l'ont offerte; ces sacrifices se font les jours de grandes fêtes. Ils observent le temps prescrit par la loi de Moyse pour la purification des femmes; ils se croiroient coupables de péché s'ils avoient mangé la chair d'un animal étouffé. Leur Patriarche est élu à la pluralité des Evêques; l'acte de son élection est envoyé à la Cour de Perse pour être confirmé par le Roi; quelquefois le Patriarchat est mis à l'enchere & au plus offrant, lorsque les suffrages se trouvent partagés entre deux concurrens : ses revenus vont à plus de cent mille écus.

On trouve dans les livres des Arméniens, le culte des Saints, les prieres pour les morts, & les autres points de la croyance de l'Eglise Romaine, contestés par les Protestans. Leurs jeûnes sont en huit temps différens; le premier est celui d'Adam & de Jonas; il est de cinq jours : le second est le carême, qui commence le lundi de la *Quinquagesime* & finit à Pâques; le troisiéme dure neuf jours, à commencer depuis l'Ascension; le quatriéme est celui d'Elie qui dure cinquante jours, & commence le lundi d'après la Pentecôte : il leur est permis, pendant ce temps, le samedi & le dimanche de manger du lait, de la viande & de boire du vin ; le cinquieme est celui de l'Assomption, ils jeûnent huit jours avant cette fête ; le sixiéme dure une semaine avant l'Exaltation de la Sainte-Croix ; le septiéme est le jeûne de l'Invention de la Particule de la Sainte-Croix, qui dure une semaine ; le huitiéme est celui de l'Epiphanie, qui est de sept semaines.

Toute la préparation pour recevoir l'Ordre de la Prêtrise se réduit à demeurer quarante jours dans l'Eglise, & on ordonne les candidats le quarante-uniéme. Ce jour même ils disent la Messe, qui est suivie d'un grand repas, pendant lequel la femme du nouveau Prêtre demeure assise, les yeux bandés & la bouche fermée, pour marquer la retenue qu'elle doit avoir à l'égard des fonctions saintes auxquelles son mari doit être employé. Chaque fois qu'un Prêtre doit dire la Messe, il passe la nuit dans l'Eglise.

Les Arméniens n'ayant pas de sanctuaire dans l'Eglise du Saint-Sépulcre, imaginerent les moyens d'en avoir un ; leur Patriarche fut à Rome trouver le Pape, & lui offrit la réunion de son Eglise à la Catholique, s'il lui accordoit une place dans ladite Eglife. Le Pape comptant fur fa promeffe écrivit aux Francs de céder aux Arméniens l'efpace qui eft entre les trois piliers de la galerie. Ce Patriarche de retour à Jérufalem, & porteur de cet ordre, fit auffi-tôt conftruire un mur de féparation dans cette galerie, y bâtit un oratoire & des chambres pour les Miniftres. Mais à peine le mur fut-il conftruit, qu'il rétracta la parole qu'il avoit donnée, & rentra dans fon fchifme. Paul V, qui étoit alors Pape, inftruit de cette infidélité, lança contre ce Patriarche une excommunication, & on voit fur les piliers de la galerie, un tableau où ce Pontife eft repréfenté excommuniant le Patriarche, dont le portrait eft au-deffous.

Je fuis, &c.

LETTRE CV.

A Jérusalem, le premier Novembre 1777.

M.

Ayant parlé de la Religion des Chrétiens de la Palestine, je crois devoir dire quelque chose de celle des Turcs, qui sont les maîtres de cette Province. Ce peuple, zélé observateur de sa Religion, met Dieu au-dessus de tout ce que l'homme peut concevoir, & en parle d'une maniere très-énergique; il dit qu'il n'y a de Dieu que Dieu : lorsqu'il veut exprimer sa grandeur & sa toute-puissance infinie, il ne dit pas qu'il est doué de l'une & de l'autre qualité, mais qu'il est au-dessus de tous ses attributs. Il admet peu de cérémonies; il fait beaucoup de grimaces lorsqu'il prie : ses sacrifices sont rarement répétés dans l'année. Médine

Medine où est le tombeau de leur Prophete, est le principal lieu où est versé le sang des victimes : ce sacrifice consiste dans l'immolation d'un nombre considérable de taureaux, mais leurs plus grandes cérémonies se manifestent dans les enterremens de leurs semblables : on prie, on pleure, on allume des torches, on porte des drapeaux, on couvre d'une étoffe riche la bierre du mort, & une multitude suit le convoi : il est peu de peuples qui célebrent les funérailles avec une plus grande pompe.

On compte dans cette Nation soixante Sectes très-jalouses de suivre leur opinion, & quoique chacune se croie la vraie Sectatrice de l'esprit de la Loi Mahométane, toutes s'accordent à en observer les principes fondamentaux : elles les révérent, & ne se permettent ni doute ni dispute à leur égard. A la vérité ces principes sont en petit nombre, & on peut les réduire en cinq articles : la Circoncision, l'aumône, le jeûne, l'oraison, & la visite du Sépulcre de Mahomet : mais les autres articles de leur Loi, renfermés dans le

Coran & Laſſona, étant plus nombreux & moins eſſentiels, ils s'attribuent la liberté de les expliquer à leur maniere : cependant, lorſque les plus ſenſés trouvent le paſſage difficile à expliquer, ils s'adreſſent à leur Docteur ; ſa déciſion fait leur regle, & les met à couvert des reproches de la conſcience. On agite dans leurs Ecoles pluſieurs queſtions métaphyſiques, telles que la prédeſtination de l'homme, ſa liberté, & l'influence de Dieu ſur ſes actions. Les ſyſtêmes de controverſe adoptés par les uns, & rejettés par les autres, forment preſque autant de Sectaires ; ils diſtinguent la Théologie poſitive de la Scholaſtique ; la premiere eſt fondée ſur le Coran & la Tradition, la ſeconde n'eſt fondée que ſur la raiſon ; les uns donnent tout à Dieu, comme à la ſeule cauſe de toutes choſes : les autres attribuent tout à la créature.

Les Muſulmans ont des pratiques qui tiennent de la Religion Juive & de la Chrétienne ; ils ont la coutume de ſe laver avant d'adreſſer particulierement leurs vœux à Dieu : outre leur obligation de prier cinq fois le jour, ils ont des Mosquées où ils se rendent le Vendredi pour y faire des prieres en commun. L'Iman ou le Prêtre leur lit quelques passages du Coran, & leur en donne l'explication, cet exercice public dure au moins une heure ; j'ai vu que leurs prieres particulieres duroient sept minutes ; ils prient Dieu pour les Morts ; ils admettent le Paradis, l'Enfer, & même le Purgatoire ; ils font des pélerinages : ceux qui ont été à Jerusalem, sont honorés du nom de *Scérifs*, qui veut dire Illustre, & ceux qui vont à la Mecque, n'ont que le nom de *Hadgi*, qui signifie Pélerin. Ils croient qu'au grand jour du Jugement tout le monde passera sur un fil aussi délié qu'un cheveu ; que les justes y passeront sans le rompre, & que les méchans chargés de péchés, ne pouvant que s'y traîner difficilement, tomberont dans les Enfers. Je vous dirois bien d'autres choses sur leur créance, mais on a si souvent traité cette matiere, qu'il seroit superflu d'en parler.

La maniere de prier des Turcs,

ressemble à celle des Juifs & des Grecs; ils prolongent le dernier mot comme s'ils alloient expirer : ils portent des chapelets de cent grains : au premier grain ils disent, Soubhan Lallah, Dieu est louable ; au second, Elhamd Lelleh, gloire à Dieu ; au troisieme, Allah Ehber, Dieu est grand, & prient ainsi par ordre dans tous les grains suivans. Leur Carême dure un mois Lunaire: j'étois ici lorsqu'ils le faisoient; sa fin fut annoncée le premier Novembre par trois coups de canon que le Gouverneur a fait tirer à trois heures après midi. Ils ne fument ni ne mangent dans la journée jusqu'à la premiere étoile du soir : & quoiqu'on ait aujourd'hui annoncé la fin du Ramadan, il ne leur est permis de manger qu'après l'apparition de l'étoile du soir, comme il étoit d'usage les jours antérieurs. On les voit se promener pendant ce temps dans la ville, très-occupés à dissiper l'ennui & la mélancolie que leur cause la privation des alimens ; ils ne commencent le premier repas de la nuit qu'après que le cri de l'Iman a averti

SANTON de Damiette

que le temps de le faire est arrivé, & alors ils s'assemblent sur les combles ou sur les plates-formes des maisons pour y manger ce qu'ils y ont porté; on dit qu'ils prennent la nuit de grandes avances contre l'abstinence du jour, & qu'ils se livrent sans mesure aux excès de leur appétit.

Les Prêtres de ce peuple sont choisis parmi les plus vertueux, & voici comment se fait leur élection. Le peuple s'assemble autour d'une Mosquée, ou dans d'autres lieux consacrés : on examine les qualités & les talens de celui qu'on veut élire. Si dans l'éloge qu'on en fait on dit qu'on y a eu égard, tous vont lui baiser les mains, & il est déclaré Prêtre ou Iman. Plusieurs fonctions distinguent ces Prêtres; les uns veillent à la garde de la Mosquée, & sont chargés d'expliquer le sens de leur loi : d'autres portent le Coran divisé en plusieurs cahiers, & en lisent une surate par jour. J'ai été témoin de ce fait pendant quatre jours : lorsque j'allois du Caire à Damiette, j'avois pour société dans le bâtiment un de ces Imans; il avoit dans son porte-feuille un grand rouleau de papier qui avoit sept à huit pieds de long quand il étoit déplié. Les matins il en lisoit à haute voix une partie, & le soir il en lisoit à voix basse: j'observai même qu'il cherchoit le moment que je disois mon Office. Il vivoit avec frugalité, & se nourrissoit de pain, de fromage & de dattes. Je lui offris de mes alimens, & il n'accepta que les fruits : il m'apprit que le régime de sa Secte étoit de ne vivre que de légumes, de laitage & de fruits. A la place du turban il portoit un bonnet de laine grisâtre, ayant la forme d'une thiare; une aube blanche & un bemich bleu couvroient son corps.

Cette Nation a des Prêtres chargés d'aller instruire les gens de leur religion qui sont répandus dans les villes. Il en vint un dans le quartier de la Nation Françoise établie au Caire où j'étois : il étoit monté sur une mule, ayant le corps nud jusqu'à la ceinture, la tête découverte, ses cheveux longs flottans sur ses épaules; il étoit jeune & bien fait. J'étois assis

Jeune IMAN Egiptien
allant visiter ses Ouailles.

SANTON en contemplation.

devant la porte de la maison que j'habitois, & j'avois près de moi un Egyptien de sa connoissance qui courut lui baiser la main. L'Iman vint à moi, me salua en langue Arabe, & après m'avoir fixé quelques momens il se retira. Je demandai de suite à l'Egyptien qui étoit cet homme ainsi arrangé; il me dit que son devoir étoit de visiter les personnes qui relevent de la Mosquée, dont il est Prêtre.

Les Arabes, les Egyptiens & les Turcs ont des Religieux connus sous le nom de *Santons* & de *Derviches*: les uns s'adonnent à la vie contemplative, les autres vivent en communauté ou dans les déserts; il y en a même qui se vouent au role de pauvres mendians, tous sont célibataires: chacun se distingue par sa maniere de vivre, & par la forme des habits. Les visionnaires ou contemplatifs sont reconnus par les plumes qu'ils portent sur leur tête; le mendians voués à la pauvreté portent un benich rapiécé de morceaux d'étofe de diverses couleurs; ils marchent tête nue & rasée, gardant seulement une touffe de cheveux au-dessus du front; tel étoit celui que j'ai vu à Boulac, fauxbourg du Grand-Caire. Les entousiastes & les gens à révélation portent des petites chaînes au col & au bras, & des longs pendans-d'oreille. Leur nation reconnoît à ces signes que leur esprit est diversément agité & affecté des connoissances les plus sublimes. Ceux qui vivent dans la solitude, n'ont d'alimens que ceux que le désert leur fournit. Mahomet est leur plus grand Prophete, cependant plusieurs Asiatiques très-instruits m'ont dit que le déchet survenu à la Religion Turque, a donné lieu à ce proverbe usité en Syrie, que Mahomet est vivant au Caire, agonisant en Syrie, & mort à Constantinople.

Je suis, &c.

LETTRE CVI.

A Jérusalem, en Novembre 1777.
Du commerce des François aux Echelles du Levant.

M.

ON reconnoît les arbres par leurs fruits, & les mœurs par les procédés. Je crois qu'en vous rapportant certains traits de la Nation Turque qui habite cette ville, vous connoîtrez mieux son caractere que si je vous offrois en grand tout ce qu'on en peut dire. Ce peuple, souvent contraire à lui-même, ne développe mieux son caractere décidé que dans ses procédés avec la Nation Chrétienne. Jaloux du commerce qu'on fait dans ses Etats, il le resserre tant qu'il peut ; il ne permet point aux Chrétiens d'acquérir ni fonds ni domaines ;

il les prive même des jouissances les plus naturelles ; il leur défend l'entrée dans ses temples, ses maisons & ses parcs ; & s'il les tolére dans ses villes, ce n'est que par l'intérêt qu'il retire de son commerce, ou des vexations dont il les opprime. Qu'un Chrétien ait une affaire à démêler avec un Musulman, celui-ci n'ignorant pas que l'équité des loix reprouve sa demande, cherche à la faire valoir au tribunal de l'injustice : il sait, par exemple, que les Peres de Terre-Sainte recevront à un temps fixe des denrées, du café, du ris, &c. Réuni à d'autres brigands, il épie & guette dans les forêts le moment où le convoi doit passer : il le saisit, & ne le relâche qu'il n'ait été payé de la somme d'argent qu'il demandoit ; que les provisions viennent à se gâter sous sa garde, ou qu'elles soient diminuées par d'autres mains avides, il s'en embarrasse peu. On a alors recours au Gouverneur pour se faire restituer le dépôt, mais cet Officier ne termine l'affaire qu'à gros frais, & en accordant pour l'ordinaire au malversateur la moitié de sa demande. Il est déplorable de voir que celui qui doit être le Censeur sévere des injustices, les favorise en jouant le rôle d'un médiateur intéressé.

Un Religieux Franciscain alloit il y a un mois à Rama; des paysans du village de Jérémie l'arrêterent, & le menerent dans une prison construite à la maniere de nos fours : sa rançon coûta quinze cents piastres. Le Procureur de Terre-Sainte me dit que ces aventures sont si fréquentes, que vingt mille piastres, sans y comprendre l'énorme tribut qu'exige le Grand-Seigneur, ne suffisent pas pour payer les contributions auxquelles la Terre-Sainte est exposée dans le cours de l'année. Ces vexations croissent en raison de la cupidité du Gouvernement & de la rançon payée avec promptitude. Les Récollets, à qui la garde des Saints-Lieux est confiée, sont par leurs fréquentes émigrations plus exposés que les autres Chrétiens à ces fâcheux contre-temps; soit qu'ils aillent seuls ou en caravanne, ils marchent revêtus de l'habit de leur Ordre, aussi échappent-ils rarement au danger d'être pris : leur habit avertit de loin les Arabes & les payſans qu'il eſt utile de ſe ſaiſir de la perſonne ; c'eſt la pierre de touche dont on ſe ſert pour éprouver l'argent de la Terre Sainte ; par-tout on guette ces Religieux qu'elle fait racheter ; par-tout les brigands courent après eux comme à des bêtes féroces, ou comme à des pierres précieuſes qui valent beaucoup d'argent. On s'étonne que ces bons Religieux, inſtruits des moyens qu'il y auroit de diminuer le nombre de leurs aventures, en s'habillant à l'Orientale, ne ſe revêtiſſent pas plutôt d'un habit adopté par la Nation. J'ai vu les Jéſuites au Caire, en Egypte, en Phénicie vêtus ſagement en Lévantins. Les Prêtres Maronites, Arméniens & Grecs, ont le même habillement ; je l'ai même vu porter à un Capucin, Curé de la Nation Françoiſe réſidente au Caire, & j'ai traverſé avec cet habit oriental le camp des Mammelus & des Arabes, ſans en recevoir d'inſulte.

Les Récollets, gardiens des Saints Lieux de la Paleſtine, n'ont pour tout bien que les dons des Fideles Chrétiens. Ces aumônes qui font le fruit de leur quête, leur font portées par les Religieux de leur Ordre appellés Conducteurs. La charité est plus ou moins abondante dans certains Royaumes ; l'Italie, Malthe, l'Allemagne, fournissent leur contingent ; la Reine d'Hongrie envoyoit annuellement dix-huit mille séquins. La France y fait passer de l'argent, mais sa plus grande générosité consiste dans la protection que la piété de nos Rois accorde aux Saints-Lieux. Le Portugal a donné en divers temps quarante mille guinées, & ne se lasse point d'être chaque année libéral. L'Espagne, encore plus bienfaisante, envoya peu de temps avant mon arrivée dans cette ville, quatre cents mille piastres, dont l'emploi fut destiné à l'entretien des Eglises & de ses Ministres, au paiement des dettes contractées par la Terre-Sainte, & au soutien des pauvres familles languissant dans la pauvreté.

Environ cinquante Religieux dépendans du Gardienat du Mont-Sion, forment une pépiniere de Ministres qui servent les deux Eglises de la ville & celles de la Palestine ; douze de ce nombre sont destinés au service de l'Eglise du Saint-Sépulcre.

Ces Franciscams sont Polonois, Italiens, Allemands, Espagnols & Portugais ; le Gardien est Italien, le Vicaire est François, & le Trésorier ou le Procureur de la Terre-Sainte est Espagnol ; ils n'ont pas de grands secours à espérer de la Nation Françoise qui les entoure. Le commerce des draps François, déchu depuis quelque temps par un inconvénient que l'on n'auroit pas prévu, force la Nation Françoise de ralentir sa générosité naturelle : indépendamment des gains dont cette Nation est privée, en ne faisant plus comme autrefois son commerce en premier avec les Asiatiques, & du préjudice qu'elle éprouve en ne le faisant qu'en second par le ministere des Grecs & des Arméniens, avec lesquels elle partage ses profits, elle souffre encore d'autres pertes d'une maniere singuliere : c'est une lisiere qui lui fait plus de mal, les Négocians François voient avec peine qu'un simple tissu attache le goût des Musulmans aux draps Vénitiens. On sait que ces Républicains sont depuis long-temps dans l'usage de pourvoir de leurs étoffes les pays d'Egypte & de la Syrie ; mais la qualité de leurs draps ne pouvant être comparée à celle de nos manufactures, ils ont imaginé de leur donner une concurrence fictice : n'ayant d'elle-même aucune qualité réelle qui pût disputer la préférence, ils ont donné aux lisieres de leurs draps une largeur pour le moins égale à celle des nôtres, & s'assimilant par ce moyen au goût oriental & au nôtre, ils sont parvenus à en obtenir le débit avec succès. Les Turcs trouvant les mêmes ornemens dans des draps d'un plus bas prix, les achétent volontiers, y étant sur-tout engagés par leurs femmes, passionnées pour ces lisieres qu'elles destinent à divers usages, comme à des ceintures, & aux maillots de leurs enfans. On ne sauroit croire combien cette largeur des lisieres, en multipliant les ventes des draps Vénitiens, a diminué celle des draps François. Il seroit facile à la Nation Françoife de trouver le remede à ce mal.

Le commerce qui regne dans cette ville eft très-borné ; il confifte en Chapelets, Croix, & ouvrages de fculpture qui repréfentent la forme des Saints-Lieux : les Nationaux & les Chrétiens font tous appliqués à ce travail. Les Maronites portent quelquefois dans cette ville des étoffes & des mouffelines qu'ils ont achetées dans les comptoirs Européens : on fe garde d'y porter la belle quincaillerie, comme étant peu eftimée par les Citoyens. Les Bafards font affez pourvus des objets de premiere confommation, des fruits du pays, de citrons, des oranges & des boutiques à café. Des capes pour les payfans & les Arabes, & de longs bâtons compofent l'affortiment des boutiques des Marchands. On ne fe fert point de charrettes ni de voitures pour les tranfports. Les Chameaux & les Dromadaires font feuls chargés de cette fonction : planches, poutres, huiles, pailles, grains, fer, tout eft porté fur le dos de ces animaux; on laboure la terre avec des Bœufs, des Chevaux & des Mulets; on n'assujettit point les femelles à ce travail, sur-tout les vaches, dont on n'exige que le soin d'alaiter leurs nourrissons : l'espece des bœufs est belle, leur caractere est doux, & facile à être mené. Il est singulier de voir que ce climat tempéré qui influe d'une maniere visible sur les animaux, ne produise pas le même effet sur ses autres habitans.

Je suis, &c.

LETTRE CVII.

A Jérusalem, la veille de mon départ.

M.

Sainte Hélene occupée du bonheur des Chrétiens, fit bâtir, sous le nom d'Hôpital, un Hospice pour les Pélerins : c'est-là que les Voyageurs Chrétiens, fatigués de leurs pénibles courses, goûtoient les douceurs du repos, & célébroient par des sentimens de reconnoissance les bienfaits de sa fondatrice. Ce précieux asyle montroit dans sa magnificence la générosité de la pieuse Souveraine : la solidité qui le distingue des maisons des citoyens, le fait regarder encore comme un des beaux monumens de l'antiquité ; les faces de l'édifice, les appartemens, les galeries voûtées, les corridors ; enfin, les murs composés de pierres de granit rouge, & cimentés avec du plomb fondu, offrent un tout aussi digne d'admiration, que ressemblant à une vaste plaque de marbre. Les Chevaliers du Saint-Sépulcre, les Templiers & les Hospitaliers de saint Jean y ont fixé tour-à-tour leur demeure ; les Mahométans, qui en sont maintenant les maîtres, y exercent l'hospitalité. Si l'on s'étonne que ce peuple, accoutumé à faire servir les antiques monumens à des usages différens de ceux auxquels ils étoient destinés, se soit relâché de sa maxime dans cette circonstance, on ne l'est pas moins de voir qu'il a su appliquer aux besoins de l'humanité ce que le zele pour cette vertu avoit fait établir pour les satisfaire. C'est dans une des salles de ce superbe Hospice que j'ai vu distribuer un Jeudi les alimens qui étoient destinés pour les pauvres. Trois Turcs étoient chargés de cet emploi ; l'un étoit Iman, les autres étoient reconnus par la Nation pour des gens de probité. Les alimens cuits dans les trois chaudieres de cuivre que sainte Hélene avoit fait faire pour cet usage, furent distribués avec générosité; c'étoit du ris fricassé avec le beurre & les oignons, de la viande de mouton & de bélier, de la bouillie faite avec la farine du Maïs, à laquelle on avoit mêlé du lait. Ces ustensiles, quoique passés par les différentes mains des Conquérans, prouveroient le respect qu'on a eu dans tous les temps pour ce qui a du rapport aux besoins de l'humanité.

Au sortir de ce lieu je fus visiter une Eglise située sur le haut de la montagne des Oliviers; c'est une rotonde qui renferme le lieu d'où Jesus-Christ monta aux Cieux. A son centre s'éleve un grand rocher de pierres dures, dans lequel on remarque une empreinte semblable à celle qui se trace lorsqu'on marche sur un terrain assez mol. Les Voyageurs anciens & modernes ayant assez parlé de cette empreinte, je me contente d'en respecter la tradition. Revenant sur mes pas, je trouvai au pied de la montagne des Oliviers un Oratoire gardé par les Grecs, les Arméniens & les Franciscains; la porte d'entrée m'offrit un escalier d'environ cinquante marches, que je descendis à moitié. Je vis les Sépulcres des saints Joachim, Anne & Joseph, & les autels qu'on avoit dressés sur ces tombeaux; celui de la Vierge est situé sur le plain-pied qu'on trouve à la fin de l'escalier; une sombre obscurité le déroberoit aux regards, si des lampes allumées ne l'éclairoient. Je rentrai ensuite dans Jérusalem, & allant par la voie douloureuse dans l'Eglise du Saint-Sépulcre, je déposai dans ces endroit, les regrets de ne pouvoir à l'avenir les visiter, & je fus à mon Hospice me disposer à quitter le lendemain la Cité de David, que j'avois le plus desiré de voir.

Je suis, &c.

LETTRE CVIII.

Dans l'île de Chypre, le 12 Décembre 1777.

M.

L'ÉTRANGER qui va à Jérusalem doit payer un tribut aux Arabes, & un autre aux paysans des villages lorsqu'il quitte la ville : le prix de cette contribution est arbitraire, chacun fait son marché le mieux qu'il peut. Ce préliminaire rempli, on prend le voyageur en sauve-garde, & on l'accompagne au lieu destiné. Cependant, pour plus grande sûreté, nous avons intéressé le Gouverneur, qui nous a donné pour escorte son fils à la tête de dix Janissaires : cette troupe & les chefs des villages attendoient à la porte de Damas pour nous conduire. Il fallut s'éloigner des Saints-Lieux, &

nous partimes à sept heures du matin: nos chevaux qui s'animoient dans leur courfe, franchiffoient les colines & les plaines, & bientôt nous ne vimes plus les murs de Sion, ni le Mont des Oliviers. Arrivés à la plaine dont la récolte fut autrefois incendiée par les renards qui vouloient fe délivrer du feu que Samfon fit mettre à leurs queues, les Turcs diftinguerent ce lieu par un fpectacle différent, & montrerent leur adreffe à manier leurs armes. Plufieurs renards que nous vîmes répandus dans cette plaine couverte de panicum fauvage, donnerent l'effor à leur talent. Le fils du Gouverneur, à la tête de fes Janiffaires & des chefs de villages rangés de front, fit prendre aux chevaux le galop le plus rapide vers ces animaux tranquilles. Ces Cavaliers, la main levée, prêts à rougir leurs fers étincelans dans le fang de ces chiens fauvages, les atteignirent auffi-tôt; mais le mouvement trop rapide des chevaux qui, en les devançant, faifoit manquer le coup aux Athletes, fut caufe de leur confervation. Un évanouiffement furvenu au fils du Gouverneur interrompit la chasse; l'eau de mon flacon servit à lui rendre les sens qu'il avoit perdus; peut-être dûmes-nous à ce léger secours l'avantage de n'être point pris; car on m'a assuré que souvent les conducteurs, d'intelligence avec les paysans, leur livroient sans résistance les passagers qu'ils vouloient rendre prisonniers. Nous arrivâmes le soir à Rama.

Cet Officier m'envoya son jeune frere, qui étoit dans un Collége de la ville, pour me souhaiter le bon jour. J'arrivai le lendemain à Jaffa, où j'attendis quinze jours un bâtiment qui me porteroit à Chypre. J'eus dans cet endroit occasion de voir donner un bel exemple d'humanité par les Turcs. Un Pinque, petit vaisseau à deux mats, monté par cinq Matelots Grecs, vint échouer à six cents pas du rivage, & l'on entendoit les cris des Matelots qui demandoient du secours. Deux Turcs touchés de ce spectacle attacherent l'extrêmité d'un cable à un pilier du mole, & allerent lier contre vent & marée l'autre extrémité

mité à la poupe du vaisseau naufragé. Ces infortunés Marins glissans leurs mains sur la corde tendue, fendoient les flots avec une rapidité incroyable; nous les vîmes arriver à bord sains & saufs: ils nous dirent que depuis huit jours ils étoient sans voiles & sans mats, que souffrant la faim depuis quatre jours, ils étoient près d'expirer sans le secours qu'on venoit de leur donner. Dans le même rivage étoit un oiseau piscivore qui faisoit sa pêche: son corps a deux fois la grosseur d'un dindon, ses ailes deux pieds de vol: il met dans le grand jabot qui pend à son col tous les poissons qu'il prend; il n'a guères plus de queue que les oies: on fait des manchons très-estimés du duvet qui couvre sa peau: son plumage est d'un gris cendré, & paroît de loin de laine grossiere.

Différens calculs m'ayant empêché d'aller d'ici en Mésopotamie, j'attendois le départ de quelque vaisseau qui fût en Europe, lorsque le 6 du mois de Décembre il parut un vaisseau François dans la rade de Jaffa, qui devoit faire voile le soir pour l'île de Chypre. J'en profitai, & on mouilla l'ancre le 12 au port de Larnaca.

Je suis, &c.

LETTRE CIX.

Dans l'île de Chypre, en Janvier 1778.

M.

On donne communément à l'île de Chypre deux cent quatre-vingt milles de circuit, soixante & dix de largeur, & quatre-vingt-dix de longueur. Quoiqu'elle soit gardée en partie par de grandes montagnes, elle offre en plusieurs endroits un passage libre aux étrangers & aux vaisseaux qui viennent mouiller dans ses rades : les plus usitées sont Querini, Limasséani, Larnaca, Samagouste & Salamine. Plusieurs caps la distinguent de loin : les principaux sont le Cap Saint-André & le Cap Saint-Epiphane, connu par les anciens sous les noms de *Trapano*, *Zéphiro*, ou la *Pointe-Melonta*. Il y en a un autre qu'on nomme *Cap des Chats*, à cause de la multitude qu'on en nourrissoit dans un Monastere Grec bâti en cet endroit. C'étoit la pépiniere qui approvisionnoit l'île de ces animaux.

Ces Caps, qu'on peut regarder comme les fronts de ces montagnes, en indiquant leurs diverses positions, ne révelent pas les précieux métaux cachés dans leur sein. Cependant les Insulaires m'ont dit qu'elles enferment des mines d'or, de laiton, de fer, & des marcassites. Une de ces montagnes se trouve revêtue de pierres d'amiante, dont les anciens Chypriotes savoient faire des mouchoirs qu'on jettoit au feu pour les blanchir. C'est dommage que le génie des Artistes modernes ne se soit occupé de faire renaître cette utile branche de l'industrie. Deux autres montagnes, connues sous les noms de *Querini* & d'*Olimpe*, ont leur marque distinctive : la premiere offre les murs délâbrés du château ou du temple de Vénus, & n'a pas loin de son pied le village de Cithérée, situé sur un plateau orné de quelques maisons. La seconde, située au centre de l'île, est remarquable par des Monasteres Grecs bâtis dans son étendue, d'où découlent des fontaines qui paroissent la diviser en égales parties : les arbres fruitiers, & une charmante verdure tapissent la douce pente des colines, tandis que des gros arbres couronnent son sommet.

Les Grecs ont donné à cette île le nom d'*Heureuse*; mais il s'en faut bien qu'elle ait aujourd'hui la fécondité que les arts & la population y avoient attiré autrefois. On n'y compte guère plus de trente mille ames. On marche des journées entieres sur des plaines en friche, & sans quelques petits bourgs situés de loin en loin, les troupeaux à laine, les vaches & les chévres qui paissent dans ces lieux isolés, on se croiroit dans la plus triste solitude. J'étois surpris de voir ces animaux livrés à eux-mêmes sans pasteur & sans chien; mais on me dit que les bêtes féroces, tels que les loups, les ours & les lions, n'étant pas connus dans l'île, il étoit inutile de donner des gardes à des animaux, qui n'avoient pas à craindre la morsure de dents cruelles & voraces.

La partie de l'île qui est au midi est la plus inculte, & montre dans les câpriers dont elle est couverte, la fertilité dont elle seroit susceptible; ces arbrisseaux croissent sans culture. Les Insulaires ont tous la liberté de s'en approvisionner, sans payer d'autre tribut que celui d'une gratuite reconnoissance à la nature du climat. Les productions sont plus variées dans les lieux cultivés : on y voit divers genres de fruits, des Dattes, des Mûres, des Carrouges, des Oranges, des Citrons, des Noix, des Pommes. La terre souffre la semence des grains de Froment, d'Orge, de Maïs, & rend ces espèces très-abondantes.

L'Histoire naturelle pourroit s'embellir de divers objets qu'offre cette contrée fertile : on y trouve le Saffran, la Coriande, la Féve d'Egypte, & l'herbe dont la cendre sert à faire le Savon. On y reconnoît des plantes médicinales, la Coloquinte, la Scammonée, le Térébinthe, & même la Rhubarbe en quelques endroits ; mais la plus estimée des denrées est le Vin. Les vignes sont situées, du levant au couchant de Paphos à Cithérée, partie sur des côteaux, partie à leur pied. On égrappe le raisin parvenu à sa maturité, & après l'avoir exposé huit ou dix jours au soleil, on le met au pressoir pour en avoir la liqueur, qu'on enferme dans des tonneaux. Ce vin dans sa jeunesse n'est pas une boisson délicieuse ; il lui faut quatre ans pour le dépouiller, & alors il annonce le parfum qu'il donnera en le gardant plus long-temps.

Le revenu que le Grand-Seigneur tire de l'île de Chypre, est borné à quatre ou cinq mille Piastres que donnent les Salines, & à d'autres impôts payés par les Insulaires. Le Patriarche Grec, ordinairement chargé de la recette, lui en fait passer le produit.

Les améliorations, la culture des terres, & une plus grande population, dédommageroient au centuple le nouveau possesseur de ce qu'il donneroit au premier pour s'en faire céder la propriété.

Le Sel qui se fait dans cette île vient des eaux de la Mer, qui, passant sous terre, forment un Lac de trois milles de circuit. On range de grosses pierres autour de ce Lac, & même jusqu'au milieu; les eaux frappant ces rochers, déposent une écume blanche qui s'attache à la pierre, & forme en se condensant le sel, qu'on a soin de détacher aussi-tôt. On le transporte en rase campagne : les gros grains amoncelés forment ces grosses pyramides qu'on y voit élevées à quinze ou vingt pieds de haut.

La douceur du climat retient dans cette île les oiseaux à ramage, & différentes espèces de gibier. Les Perdrix rouges & grises, les Liévres, rarement effrayés par le cri des chiens, vont d'un air tranquille chercher leur nourriture. Le Francolin, ennuyé de vivre sur les montagnes, descend quelquefois dans la plaine, où il court le plus grand danger; c'eſt l'oiſeau qui excite le plus l'avidité du Chaſſeur Européen à cauſe de la délicateſſe de ſa viande; il eſt gros comme la Gelinote des Pyrenées; il a un bec noir, reſſemblant à celui d'un chapon de Pharaon. Son plumage, & ſur-tout celui du jabot, eſt moucheté de blanc & de noir; ſes jambes nues ſont ornées d'un éperon, comme les Gallinacées; il ſe fait rechercher par-tout où il habite; mais l'eſpece en eſt moins rare en Paleſtine.

Les villes principales de cette île ſont Nicoſie, Famagouſte, & Larnaca. La nuit m'ayant ſurpris en route le jour que j'allai à Nicoſie, je m'arrêtai au village d'Eſten, & je fus loger chez le Papas Gréc, que je trouvai occupé avec ſa famille à dépouiller le coton de ſa graine : il me dit que les Cotonniers avoient été très-fertiles cette année. Ce Curé étant allé le lendemain à ſon Egliſe, invita le peuple à ſes fonctions, en frappant, ſelon l'uſage, des pieces de bois ſuſpendues; le peuple s'y rendit, chargé

P v

des fruits du climat; c'étoient des grains de froment, de l'orge, du maïs, des noix, des pommes, qu'il déposa sur la balustrade du Sanctuaire. Cette offrande fut bien vîte accueillie par le Curé avant de commencer ses fonctions, & je me retirai pour continuer mon voyage de Nicosie, où j'arrivai la veille de l'Epiphanie des Grecs. J'y fus témoin de l'usage où sont les Ministres d'aller, la veille de cette Fête, dans les maisons pour y faire la bénédiction des lits; on leur donne une piastre dans chaque maison pour cette cérémonie.

On entre dans la ville de Nicosie par les portes Querini, Samagouste & Paphos; la premiere est située au Septentrion, la seconde au Midi, & l'autre au Couchant; des canons placés sur le rampart qui entoure la ville, les murs de fortifications ornés de bastions, des tours, des patis disposés à une égale distance, prouvent qu'elle étoit en son temps une forte ville de guerre. Elle est plus longue que large, l'intérieur n'a rien de bien remarquable. La Propagande, les Récollets, les Capucins y servent leurs Eglises ; le plus beau Temple est celui de Sainte-Sophie, que les Turcs ont érigé en Mosquée ; la beauté de l'architecture du dehors fait desirer de voir le dedans.

Les Consuls de France, d'Angleterre, de Raguse, de Venise, font leur résidence à Larnaca. Ce Bourg, divisé en deux par une plaine, est bâti le long de la mer, & dans le continent : sa dénomination, qui en Grec signifie lieu-bas, s'accorde bien avec sa position. Cependant les Nationnaux prétendent qu'il étoit autrefois le plus célèbre de l'île, & fondant leur opinion sur la beauté de son ancien Port, qu'on voit maintenant comblé, sur les débris du château qui servoit à sa défense, & sur les fossés qui l'entourent ; ils ne craignent pas de dire que l'ancienne Capitale de l'île y a pris naissance ; tout cela n'offre aujourd'hui que des regrets à la curiosité. L'île de Chypre s'honore de la naissance qu'elle donna à saint Barnabé,

& de la conversion du Pro-consul Sergius, causée par la prédication de saint Paul.

Je suis, &c.

LETTRE CX.

Au Lazaret de Livourne, le 10 Mai 1778.

M.

Nous n'avons eu que huit jours de repos pendant les trois mois qu'a duré notre navigation ; nous avons été le reste du temps errans çà & là, battus par les tempêtes, les orages, les coups de la mer. On mit à la voile le 15 Janvier ; le vent étoit favorable, & bientôt l'île de Chypre ne nous parut qu'un rocher situé au milieu des eaux ; mais la direction du vaisseau étant changée par les gros temps, on alloit d'un golfe à l'autre. Le Capitaine ne sachant plus où il en étoit, croyoit être le 28 près de l'île de Rhodes, & nous étions à trois milles de Candie, sur le point de nous y briser à neuf heures du soir, si le vent de terre ne nous eût éloigné de ces bords sinistres.

Tout le mois de Février se passa en orages. La navigation s'étant prolongée plus que l'on n'auroit cru, on se trouva sans provisions ; l'eau manqua, & l'on fut obligé de faire cuire dans le vin la morue, le ris, seuls alimens qui nous restoient.

Cependant le 8 Mars on toucha la rade de Zantes, & le lendemain on mouilla dans le Port de la petite Céphalonie, où nous restâmes deux jours. Trois fois nous nous présentâmes devant Malthe, & trois fois nous en fûmes repoussés. Dans ces circonstances parut un vaisseau Danois qui dirigeoit ses voiles vers nous. Le Commandant de ce vaisseau demanda, en hélant, si nous voulions nous charger d'un Marin qui étoit à son bord ; sa proposition fut acceptée. Ce passager qui couroit les mers depuis vingt-cinq ans, & qui avoit commandé plusieurs vaisseaux, fut invité à prendre le commandement du nôtre; il changea la disposition des voiles, & ayant fait gagner le large pour éviter le vent de terre, que notre Capitaine avoit toujours cherché mal-à-propos, on parvint à traverser le canal de Malthe, & l'ancre fut mouillée le 30 Avril dans le Port de Lampedouse. Aussi-tôt un Prêtre monté sur une chaloupe vint nous faire présent des fruits de cette île: c'étoient des féves vertes, du fromage & du pain. Jamais ces alimens ne furent saisis avec plus d'avidité; il nous offrit des filets pour faire une pêche, & dans une demi-heure on prit quatre-vingts poissons de deux pieds de long, & de cinq pouces de large, que les Italiens appellent *Lisses*.

Le lendemain nous entrâmes dans l'intérieur de l'île, & nous rendimes notre visite à ce bon Prêtre. Sa maison taillée dans le roc, est contiguë à la Chapelle où il pratique les fonctions de son ministere; il avoit dans sa basse-cour des tonneaux de poissons salés, des comportes de lact, & une multitude de volailles, & sur les côteaux & sur les vallons de cette île, de nombreux troupeaux à laine, & quarante vaches alaitant leur produit; il envoie le poisson, & le fromage qu'il tire de ce lait, à Malthe & dans les pays voisins. Il nous conduisit à une grotte taillée dans le roc, dans laquelle étoient une biere, & une lampe qu'il a soin d'allumer lorsque les Barbaresques entrent dans l'île. Il les invite à la visiter, comme un monument consacré au cousin de Mahomet que la religion de leurs Auteurs a respecté. Ces brigands, dont l'esprit de rapine se change en curiosité, s'empressent d'y aller, & se retirent de l'île aussi satisfaits de l'hommage qu'ils y ont rendu, que ce Prêtre peut l'être de garantir ses possessions par un stratagême qu'un ancien Réfugié dans l'île avoit inventé. Ce Ministre me dit que ces Fourbans, bien loin de lui enlever sa subsistance, lui donnoient quelquefois de l'argent pour fournir à l'entretien de la lampe.

Le Port de cette île est bon, & le plus abondant en poissons qui existe,

On voit dans les environs les vestiges d'un vieux château & trois tours, dans l'une desquelles on lit deux Inscriptions en caracteres gothiques.

L'île de Lampedouse est à soixante milles de celle de Malthe, d'où elle dépend : son voisinage des côtes de Barbarie est probablement la cause que les Malthois la laissent dans son état isolé. Cette île a environ vingt milles de circuit, sept de longueur, & deux de largeur : quoique couverte d'Oliviers sauvages, elle paroît fertile dans le peu qui y est cultivé. On y reconnoît des plantes médicinales très-estimées, sur-tout celle que les Italiens appellent *Passera*; prise en décoction elle purge le malade sans l'échauffer. Cette plante très-commune dans ce climat, a sans doute communiqué sa vertu à une fontaine très-purgative qui coule parmi ces arbrisseaux; son eau, que j'ai trouvée fade, m'a prouvé en peu de temps ses merveilleux effets. Cette île n'a pour habitans que neuf personnes, dont le Prêtre est le chef : il les tient à sa solde pour travailler les terres nécessaires à leur nourriture.

Ces gardiens de l'île m'ont assuré qu'après trois ou quatre années de séjour, l'ennui les presse de se retirer à Malthe, leur patrie, & qu'ils sont remplacés aussi-tôt par le même nombre.

Nous mimes à la voile le 4 Avril, on mouilla dans la rade de Livourne le 15, & une chaloupe me conduisit au Lazaret, où je suis, &c.

LETTRE CXI.

A Saint-Bertrand, ville capitale de Commenges, le 28 Juillet 1779.

A M. D. M. A. O. D. M.

J'étois au Lazaret de Livourne avec trois Etrangers nouvellement arrivés des différentes parties du Globe. Celui qui venoit de la Bactriane, se disoit fils du Prince de Chorsan; le second étoit Anglo-Américain, Capitaine d'un vaisseau Marchand, chargé de denrées du Levant. Le troisieme étoit un Officier Allemand, qui venoit d'exécuter les ordres que la Reine de Hongrie lui avoit donnés auprès de la Cour Ottomane; celui-ci intéressoit beaucoup par ses connoissances & la douceur de son caractere. La variété de nos entretiens me fit trouver la quarantaine très-courte. L'ayant finie le 29 Mai, j'entrai dans Livourne; je distinguai parmi les édifices dont cette ville eſt ornée ; le Conſervatoire de l'huile, comme le plus vaſte & le plus utile ; il eſt diviſé en pluſieurs voûtes de pierres de taille qui contiennent les huiles des Négocians ; chaque voûte eſt numérotée, ou marquée par le chiffre du Propriétaire qui en garde la clef : on aſſure que la denrée s'y conſerve long-temps ſans ſe gâter. Je fus le lendemain à la jolie ville de Piſe, que l'Arno ſépare en deux, à ſes Bains fameux par leur ſalubrité & leur ſtructure ; puis à la ville de Luques, qui ſe gouverne en République, dont le Chef eſt changé de deux en deux mois ; ſes appointemens vont par jour à dix écus d'Italie ; il eſt accompagné de dix Sénateurs toutes les fois qu'il ſe rend à l'aſſemblée du Conſeil. Le Palais qu'on lui deſtine ſera très-beau lorſqu'il ſera fini ; la ville eſt bien pavée, & fortifiée dans ſon circuit de trois milles. Après y avoir reſté vingt-quatre heures, je pris la route de Rome, où je reſtai trois mois ; j'y eus l'audience du Saint-Pere, qui m'accueillit avec cette bonté qui lui eſt ſi naturelle.

Naples excita ma curiosité, & j'y passai tout le mois d'Août. Le Vésuve vomissoit des flammes par quatre endroits, & exhaloit à son sommet une fumée très-épaisse ; le volcan travailloit son éruption, & le bruit sourd qu'on entendoit de loin, marquoit ses pénibles efforts. Il envoyoit de temps en temps des nuages de poussiere & de cendre dans la ville, dont on étoit étonné ; les Napolitains, quoique accoutumés à ces sortes de bouillards, craignirent les menaces du volcan ; des prieres furent adressées à saint Janvier, Patron de la ville. Les femmes qui par une généalogie connue à la Nation, prouvent qu'elles sont descendantes de celle qui alaita ce Martyr, jouent le plus grand rôle dans ces circonstances ; elles se placent dans le Sanctuaire, comme Médiatrices entre Dieu & les hommes, devant la Relique exposée à la vénération publique. *Capo jallo*, lui disoient ces femmes avec la confiance qu'inspire la foi naïve, *non vouole far il Miracolo* ; Tête jaune, ne veux-tu point faire cesser le danger dont

Naples est menacée ; regarde ce sein qui t'a alaité, *far il Miracolo*; obtiens-nous cette grace pour la multitude rassemblée qui te la demande par notre organe. Ces expressions étoient plus souvent répétées.

Cependant le Volcan se déchargea, & l'éruption fut si abondante, qu'on vit deux arpens de terre couverts de ses laves.

J'allai voir le Volcan qui s'est dévoré à Pouzzoles, & la fontaine de soufre qui occupe son centre. J'approchai à un pouce de cette source bouillante le bout de fer de ma canne, qui devint dans l'instant très-chaud ; je couvris ensuite de papier ce même bout, que j'approchai à la distance d'auparavant : le papier & le fer devinrent aussi froids qu'ils le sont dans leur état naturel. Cette expérience me confirma le systême des affinités & des dissociations du regne métallique & minéral.

Je partis en Septembre pour Gênes, Turin, Milan, Parme, Plaisance, Reggio, Modène, Bologne, Venise, d'où je m'embarquai pour Trieste,

& passant par la Carinthie & la Styrie, j'arrivai en Décembre à Vienne en Autriche. Il seroit trop long dans ce moment de vous raconter les particularités que ces lieux m'ont offert; je me propose de vous en donner le détail dans un autre temps.

Je quittai Vienne le 29 Mars 1779, & ayant traversé la Baviere, j'entrai en France par Strasbourg, d'où je fus à Paris. M'étant reposé deux mois dans cette Capitale, je me rendis en Gascogne, où le pays de Comenges que j'habite est situé. Les doux sentimens que j'éprouvai à mon entrée dans cette Comté, étoient animés par la prompte jouissance que j'aurois de la douce société de ses habitans. De rians côteaux & de charmantes plaines dessinées par les contours de différentes rivieres m'en donnoient l'espoir le plus certain; mais les grandes montagnes que j'apperçus de loin, varierent ces impressions, comme si elles vouloient me rendre encore plus empressé de rejoindre ma Patrie, en m'indiquant sa position. Les unes me montroient des rochers taillés à pic, sur lesquels j'avois souvent considéré le lever du Soleil, qui ne paroît sur mer ni nulle part plus beau que sur ces immenses hauteurs ; les autres m'offroient de vastes plateaux tapissés de rouge. En Juillet, Août & Septembre, celles qui sont couronnées des pins & des érables, laissoient entrevoir le terrain gazonné sur lequel croissent des tendres arbrisseaux chargés en Automne de fruits délicieux, ressemblans à ceux du Gingembre ; tandis que les plus voisines présentoient à leur cime des parterres où j'avois cueilli en Juin des Renoncules jaunes, des Immortelles, des Roses, & d'autres fleurs odoriférantes. Enfin, charmé de me montrer à ma Patrie, qui croyoit m'avoir perdu, j'arrivai à mon habitation, où, après avoir reçu de mes Parens & de mes Confreres leurs expressions de tendresse, je me livrai à la joie de les avoir revus, & au plaisir d'avoir terminé heureusement ma course. Je suis, &c.

FIN.

TABLE

TABLE

DES LETTRES

CONTENUES DANS CE VOLUME.

Lettre LIII. *Des Pyramides d'Egypte*, Page 1

Lett. LIV. *Du temps de la crue du Nil*, 11

Lett. LV. *Des Momies d'Egypte*, 14

Lett. LVI. *De la Nation Chrétienne, résidente au Caire, & des fours à poulets*, 19

Lett. LVII. *De deux Egyptiennes qui se précipiterent dans le bâtiment où étoit l'Auteur, lorsqu'il quitta le Caire pour aller à Damiette*, 23

Lett. LVIII. *Sur les influences du fleuve du Nil*, 28

Lett. LIX. *De Damiette, & de ses environs charmans*, 34

TABLE

LETT. LX. *Des Parcs & des Jardins odoriférens de Damiette*, Page 40

LETT. LXI. *D'une cérémonie de Religion, pratiquée dans la maison d'un Chrétien Maronite, habitant de Damiette,* 44

LETT. LXII. *Des Bains Egyptiens, de la maniere qu'on les prend à Damiette, & des costumes des Egyptiennes,* 49

LETT. LXIII. *De l'horrible passage du Bougas, lorsqu'on va par mer de Damiette en Syrie,* 56

LETT. LXIV. *Des contre-temps arrivés pendant la navigation de l'Auteur vers Sidon,* 61

LETT. LXV. *De la forme de la ville de Sidon, de sa population & de ses monumens,* 66

LETT. LXVI. *De Tripoli, des plaines & des montagnes qui conduisent à la troisieme ceinture du Liban,* 71

LETT. LXVII. *Arrivée de l'Auteur sur le haut du Mont-Liban, & description des Cedres de cette montagne,* 78

LETT. LXVIII. *Des particularités du Mont-Liban, de ses productions,*

& *des mœurs de la Nation Maronite qui l'habite*, Page 83

Lett. LXIX. *D'un événement arrivé aux Religieuses de Bicorque, dans le Castravent, voisin du Mont-Liban*, 94

Lett. LXX. *Des feux allumés par les Chrétiens sur les montagnes, la veille de la sainte Croix en Septembre*, 100

Lett. LXXI. *De la ville de Tyr & de son Port*, 104

Lett. LXXII. *Du fameux Puits de Salomon*, 109

Lett. LXXIII. *Du Mont-Carmel, & de Saint-Jean d'Acre*, 113

Lett. LXXIV. *De la ville de Jaffa, ou Joppen*, 118

Lett. LXXV. *Du courage des Citoyens de Jaffa, & de la perfidie des Mammelucs*, 124

Lett. LXXVI. *De la ville de Rama*, 129

Lett. LXXVII. *Des particularités de la ville de Rama*, 133

Lett. LXXVIII. *Aventures arrivées à l'Auteur, allant de Rama à Jérusalem*, 139

LETT. LXXIX. *Du voyage de l'Auteur à Bethléhem, & des antiques monumens qu'il a vus dans sa route,* Page 148

LETT. LXXX. *De la ville de Bethléhem, de sa population, & du lieu où notre divin Rédempteur est né,* 153

LETT. LXXXI. *De la Grotte des Pasteurs, & de la Grotte où Marie & Joseph se réfugierent avant leur départ pour l'Egypte,* 160

LETT. LXXXII. *Des productions des plaines des Bethléhem, & des particularités de la Mer-morte,* 164

LETT. LXXXIII. *De la Fontaine scellée, & du Jardin fermé dont Salomon a parlé,* 170

LETT. LXXXIV. *De la fondation de la ville de Jérusalem, & des malheurs qu'elle a éprouvés,* 176

LETT. LXXXV. *De l'ancien Temple de Salomon, & de celui qui existe aujourd'hui,* 185

LETT. LXXXVI. *Du Palais de Salomon, & de celui de Pilate,* 197

LETT. LXXXVII. *Du Temple de Salomon, rebâti par Hérodes-*

Ascalonites, & du Palais de ce Roi, & des Sépulcres des Rois d'Israël, Page 203

Lett. LXXXVIII. *Des antiques monumens qu'on voit aux environs de Jérusalem,* 210

Lett. LXXXIX. *Du Mont-Sion, de la Vallée de Josaphat, & de la Fontaine de Siloë,* 216

Lett. XC. *Description des productions de la Vallée de Josaphat, du torrent de Cédron, & de leur étendue,* 224

Lett. XCI. *De la Montagne des Oliviers, & des Sépulcres des Prophetes,* 228

Lett. XCII. *Du Village de Saint-Jean, & du Château d'Elisabeth,* 233

Lett. XCIII. *Du Désert de Saint-Jean, du Sépulcre d'Elisabeth, & de la maison des Machabées,* 239

Lett. XCIV. *Des deux Béthanies, en-deçà & au-delà du Jourdain, & de Betphagé,* 244

Lett. XCV. *Des monumens dressés sur le Mont des Oliviers, & du lieu où J. C. s'arrêta pour considérer la ville de Jérusalem*, Page 249

LETT. XCVI. *De la Grotte où Jesus-Christ sua sang & eau,* 254

LETT. XCVII. *Des différens endroits où Jesus fut conduit, lorsqu'il eut passé le Torrent de Cédron,* 257

LETT. XCVIII. *De la maison de Pilate, où aboutissent les voies douloureuses & de captivité.* 261

LETT. XCIX. *Du Mont Golgotha, où les trois Croix furent trouvées par sainte Hélene, & de l'Eglise qui entoure ce Mont,* 265

LETT. C. *De la forme de l'Eglise du Saint-Sépulcre, de la pierre d'Onction, & du trou où la Croix de Notre-Saveur fut plantée sur le Calvaire,* 271

LETT. CI. *Du Calvaire & du Saint-Sépulcre, & de la dévotion des Grecs & des Arméniens pour ces saints lieux,* 278

LETT. CII. *De la Rotonde de l'Eglise du Saint-Sépulcre, du lieu où la Vraie Croix fut trouvée; des cérémonies des Chrétiens pratiquées dans*

cette Eglise, de la Messe des Cophtes, de la Liturgie des Grecs & des Arméniens, Page 282
LETT. CIII. De la Liturgie des Orientaux, 296
LETT. CIV. De la Liturgie des Grecs & des Arméniens, 303
LETT. CV. De la Religion Ottomane, & de ses Cérémonies, 312
LETT. CVI. Du Commerce des François aux Echelles du Levant, 320
LETT. CVII. De l'Hospice construit pour les Pélerins, par les ordres de sainte Hélene, 330
LETT. CVIII. De l'île de Chypre & de ses productions, 334
LETT. CIX. Des pierres d'Amiahte, & des anciens monumens de l'île de Chypre, 339
LETT. CX. De l'île de Lampedouse, & de ses productions, 349
LETT. CXI. Du Vésuve & du Volcan de Pouzzoles, & du paysage de Commenges, 353.

FIN.

ERRATA.

Page 17, *ligne* 8, lacs, *lisez* lac.
Page 136, *ligne* 21, on m'a dit que souvent, *lisez* on m'a dit souvent que.
Page 324, *ligne* 16, avertissont, *lisez* reverent.
Pag. 339, Limasseani, *lisez* Limasséan.
Pag. 351, *ligne* 27, lecs, *lisez* lais.

J. CH. DESAINT, IMPRIMEUR,
RUE SAINT-JACQUES.

Abbé De Binos

Voyage par l'Italie, en Egypte au Mont Liban et en Palestine ou ~~en~~ Terre-Sainte
Volume 2

1787

G 19897

www.ingramcontent.com/pod-product-compliance
Lightning Source LLC
Chambersburg PA
CBHW050543170426
43201CB00011B/1543